中学校社会サポートBOOKS

見方・考え方を鍛える!
学びを深める

梶谷真弘 編著

授業ネタ50

明治図書

はじめに

社会が大きく変化していく昨今，授業に求められるものも変わってきています。例えば，インターネットやSNS，AIなどの普及により，何かを知っているだけではほとんど意味がない状況になっています。また，様々な面で多様性が認められはじめ，学びの多様性も重視されるようになってきました。さらに，ICT環境が整えられ，授業でも多く用いられるようになりました。

このように，様々なことが変化している中で，我々の授業もアップデートが求められています。ICTを駆使し，何かを「知る」だけでなく，多様な学びを認めながら，他者との協働を通して理解し，それを活用し，発信していく授業が求められています。

しかし，様々な変化はありますが，授業に求められる本質は変わりません。例えば，次のようなことです。

1 授業に求められる本質

①学びたくなる　〈学びの入り口の保障〉

どれだけ学問的に優れた内容でも，子どもに必要な内容でも，子どもが「学びたい」，「学ぼう」と思わなければ，学びは成立しません。子どもが「学びたい」と思うような「しかけ」を用意し，子どもを「学びの入り口」へ誘います。

②全員が参加できる　〈学びの平等性の保障〉

一部の子どもにしかわからないことや答えられない問いや活動は，子どもの学力差を増加させ，わからない子の学ぶ権利を保障していません。学力を必要としない問いや活動から授業を組み立てることで，全員が授業に参加できるようにして，学びの平等性を保障します。

③力をつける 〈学びの出口の保障〉

子どもが「学びたい」と思い，全員が参加できる授業でも，力がつかなければ意味がありません。授業者がねらいを持ち，授業のゴールを意識することで，学びの出口を保障します。

2 本書の特徴

①すぐ使える授業ネタが盛りだくさん

本書は，授業ですぐに使える授業ネタを50載せています。ほぼすべての単元を網羅していますので，必要なところからご活用ください。

②単なるおもしろネタではなく，力をつけるネタを厳選

「学びたくなる」のはもちろん，力をつけるネタを厳選しています。内容がわかるためのネタだけでなく，学びが深まるネタ，見方・考え方を鍛えて活用するためのネタなど，多様なネタを用意しました。

③授業のアップデートに役立つネタ満載

教師がクイズ形式で紹介するようなネタにとどまらず，探究するためのネタや，課題を解決するネタ，発信するネタなどが満載です。本書のネタを参考にし，実践していただくことで，授業のアップデートにつながります。

本書では，１章でネタを用いた授業のポイントを解説し，２章以降で授業ネタを紹介しています。必要なところから読んでいただき，ご活用ください。日々の授業に苦心される方の一助となれば幸いです。

（梶谷　真弘）

目次

子どもが熱中する「中学地理」教材研究と授業ネタ開発　成功のポイント

見方・考え方を鍛える！学びを深める「世界の様々な地域」授業ネタ

見方・考え方を鍛える！ 学びを深める「日本の様々な地域」授業ネタ

子どもが熱中する「中学地理」教材研究と授業ネタ開発成功のポイント

Chapter 1

子どもが熱中する「中学地理」教材研究と授業ネタ開発　成功のポイント

1　ネタを用いた授業デザイン

1　授業がうまくいかない原因

授業がうまくいかない原因は，様々です。例えば，次の原因があります。

①授業のねらいに関すること

テストや受験のためだけでなく，なぜ社会科を学ぶのかの目的が不十分

②授業の内容に関すること

社会科で扱う学問内容が不十分，もしくは難解過ぎる

③授業の方法に関すること

学習方法づくりや，指導技術が不十分

④子どもの理解と対応に関すること

子どもの学びやつまずきへの理解，特性への理解と対応が不十分

上の①～④の原因に対して，授業者が自分なりの答えを持ったとき，自分の授業スタイルが確立されたと言えます。

しかし，自分の授業スタイルを確立するまで，日々の授業は困難の連続です。自分の授業に問題意識を持ち，「何とかしなければ」と思いながら，その時間も解決策も見つからず，ただただ毎日の授業に追われる方々は多いはずです。

また，一定の授業スタイルを確立した方でも，自分の授業に課題意識を持ち，さらに良い授業にしていこうと，日々の業務に追われながら取り組んでいらっしゃる方々もいます。ある程度，授業は成り立つが，どうすればさらに子どもたちが学びに向かい，深められるか，お悩みの方もいるでしょう。

2 ネタを用いた授業

本書では，授業のうまくいかない原因に対して，主に②と③にアプローチするために，ネタを用いた授業を多数紹介します。

本書で紹介するネタを用いた授業を実践することで，子どもたちが授業に熱中し，学習の中で見方・考え方を鍛え，学びが深まるようになります。

例えるなら，調理や冷凍の技術の発達で，電子レンジ一つで本格的な料理を家庭で味わえるようになるようなもの。本書のねらいも，紹介する授業ネタを通して，手軽に「本格的な授業」に近づけることです。②の学習内容と，③の学習方法を，ネタを用いた授業でクリアできます。そして，本書をきっかけに，さらに「良い授業」を追究していただければと思います。

また，本書で大事にしていることは，次の２点です。

・子ども（たち）のせいにしない。
・一人残らず，全員を成長させる。

これは，原因の④に関わる部分です。難しい内容を，そのまま子どもにぶつけるのでは，プロではありません。いかに，楽しく，わかりやすくするか，学びたいと思わせるか，ここがプロの腕の見せ所です。そのヒントが，本書で紹介する授業ネタにはたくさん盛り込まれています。

そして，原因の①に関わる部分です。どれだけおもしろい内容でも，子どもたちに力がつかなければ，意味がありません。単なる遊びに終わります。本書で紹介するネタは，単におもしろいネタではなく，見方・考え方を鍛え，学びを深めるためのネタを厳選しています。

本書で紹介するネタを用いた授業を，ぜひご自身で実践していただき，ご自身の授業スタイルを確立していってください。そして，ご自身の授業スタイルに合うように，より良いものに改善していってくださると幸いです。

（梶谷　真弘）

子どもが熱中する「中学地理」教材研究と授業ネタ開発　成功のポイント

2　ネタを用いると授業がこう変わる！

ここでは，授業ネタを用いることで，授業がこう変わる！ということを紹介します。そのために，教科書通りに行った授業と，ネタを用いた授業を比較します。これは，教科書を批判しているのではありません。教科書は，学習教材の一つです。学習すべき内容が，端的に，わかりやすくまとめられています。授業者がうまく利用することで，教科書を効果的に活用でき，学びが深まる授業となります。

1　教科書通りの授業では…

例えば，「世界の諸地域」の「アジア州」の最初の授業で考えてみましょう。この時間の目的を次のように設定します。

アジア州の地形や気候の特徴を理解することができる。

教科書には，アジア州の主な国や地形，気候に影響を与える季節風の説明や資料が掲載されています。この内容をそのまま教えようとすると，バラバラとした個別の地名や地形の特徴，季節風を説明することになります。

子どもたちに資料から読み取らせようと，問いを立てたとしても，アジア州の地域ごとの特徴や，季節風の影響で雨季と乾季があることなどを，資料から読み取る学習になるでしょう。

これでは，社会科が好きではない，苦手な子どもにとっては，まったくおもしろくない，退屈な授業になります。学習に向かわず，他のことをしてしまう子も出てくるでしょう。

2 授業ネタを用いると…

では，この授業に，ネタを用いてみましょう。

アジア州の地図を提示し，次のように発問，指示します。

> 世界で一番降水量の多いまちが，アジア州にあります。どこでしょうか。
>
> 地図に☆印をつけ，理由を説明しましょう。

場所を見つけるという課題は，子どもたちは夢中で取り組みます。降水量が多いというヒントをもとに，仲間と相談しながら探します。

しばらくすると，雨温図や季節風に着目する子どもが出てきます。そこをすかさず褒めて，全体に伝えると，理由を考えながら探すようになります。

答えは，インドのチェラプンジとマウシンラムです。大事なことは，理由をしっかりと説明させることです。ポイントは，地形と季節風です。この地域は，夏に南側から吹く湿った季節風が，ヒマラヤ山脈の手前で大量の雨を降らせるからです。

この「湿った季節風が山の手前で雨を降らせる」という内容は，地理的な見方・考え方につながります。「日本の諸地域」を学習するときにも，この見方・考え方を活用することができます。

このように，授業ネタを用いることで，知識を羅列的に扱うつまらない授業から，子どもたちが「知りたい！」「考えたい！」という気持ちで楽しく学習に向かうことができます。さらに，それだけでなく，見方・考え方を鍛えることができ，他の事例に応用できる力を育成することができるのです。

紹介したような授業の急所をつく，ねらいと学習内容に合った良いネタを授業に取り入れることで，子どもたちが主体的に学習に向かい，仲間との対話が必然的に生まれ（対話的），深い学びを実現することができるのです。

（梶谷　真弘）

子どもが熱中する「中学地理」教材研究と授業ネタ開発　成功のポイント

3　授業ネタの良し悪し

1　ネタを用いた授業で失敗する２つの原因

経験の浅い先生方から，よくこんな相談を受けます。

「授業の導入でネタを用いると，すごく盛り上がって良い感触で授業できます。でも，そのネタが終わって授業の本題に入ると，子どもたちの表情が一変し，退屈そうにします。伏せてしまったり，学習に向かわなくなってしまいます。どうすればいいですか？」

この原因は，どこにあるでしょうか？私は，２つの原因があると考えます。

①悪ネタを使っている
②学びのデザインが不十分（次節で解説します）

本節では，①のネタの良し悪しを解説します。

そもそも，ネタが良くない場合があります。食材のネタを探すときにも，「目利き」が必要なように，授業ネタにも「目利き」が必要です。

私の場合は，次の３つで「目利き」をしています。

①子どもが考えやすいネタか
②子どもが「知りたい！」「考えたい！」「言いたい！」ネタか
③授業の目的や学習内容に向かえるネタか

2 授業ネタの「目利き」

①子どもが考えやすいネタか

まず，子どもにとって考えやすい，ハードルの低いものであるかどうかです。これは，内容と方法の２つに分かれます。

考えやすい内容とは，子どもの日常生活とつながる内容や，以前に学習したこととつながる内容などです。ネタが，子どもにとって身近で，考えやすいものであれば，考えようという気になります。

考えやすい方法とは，問い方や活動の仕方の工夫です。「何でしょう？」「なぜでしょう？」と聞かれても，なかなか答えられません。でも，選択肢を出して３択で答えさせたり，順位や量などの数字を答えさせたりする課題では，全員が参加できます。

②子どもが「知りたい！」「考えたい！」「言いたい！」ネタか

次に，ネタの醍醐味である，熱中させるネタかどうかです。熱中させるには，いくつかのパターンがあります。

例えば，「矛盾」を利用するパターンです。特に，子どもの素朴な考えと異なる事例を提示し，「どうして？」と問うと，子どもたちは熱中して考えます。他にも，「切実性」に訴えかけるパターンもあります。不条理な現実を提示し，「おかしい！」「何とかしないと！」と感情を動かすことで，熱中していきます。

③授業の目的や学習内容に向かえるネタか

そして，授業の目的や学習内容に合致し，そこに向かうネタであるかどうかです。この部分がおろそかだと，ただ盛り上がるだけになったり，子どもたちが学習場面と切り離して考えてしまったりしてしまいます。目的や学習内容に向かうネタだからこそ，学びに向かい続けることができるのです。

これらを意識して，ネタの「目利き」をしてみてください。

（梶谷　真弘）

子どもが熱中する「中学地理」教材研究と授業ネタ開発　成功のポイント

4　学びのデザイン

1　ネタを用いた授業の落とし穴

ネタを用いた授業で，うまくいかない原因の２つ目は，「学びのデザインが不十分」ということです。

前節の例では，ネタと学習内容が切り離されています。子どもの立場で考えると，ネタを用いて楽しく学習した後，急に教科書の話になって，やる気を失ってしまうのです。導入で盛り上がれば盛り上がるほど，余計にその後のモチベーションは下がります。ネタを用いた授業の落とし穴とも言えます。

これは，１時間の学びのデザインに問題があります。では，どのように学びをデザインすれば良いのでしょうか？

ここでは，ケラー氏が学習意欲に関わる４つの要因に着目して提唱する「ＡＲＣＳモデル」をもとに考えていきます。ＡＲＣＳモデルは，子どもの学習意欲を，授業全体・単元全体で維持・向上させるように授業をデザインするための考え方です。

ＡＲＣＳモデルでは，学習意欲に関わる要因として，注意・関連性・自信・満足感の４つを挙げています。

注意（Attention）では，子どもの関心を得られ，学ぶ好奇心を刺激するものが求められます。これは，授業のネタ自体を選ぶ基準でもあります。

関連性（Relevance）では，子どもの日常やこれまでの学習に関連があり，取り組みやすいものが求められます。これも，授業のネタ自体を選ぶ基準でもあります。

自信（Confidence）では，子どもが「自分にもできそうだ」と学習に見通しを持ち，学習がうまくいくゴールをイメージしやすいものや手立てが求められます。これは，授業のネタだけでなく，授業のデザインも含まれます。

満足感（Satisfaction）では，内発的・外発的動機づけによって，子どもが学び続け，学習のゴールに向かい続けるための手立てが求められます。これは，ネタをどう用いるか，授業をデザインする基準です。

2 ＡＲＣＳモデルを用いた学びのデザイン

下の表は，ＡＲＣＳモデルの４つの要因の具体例を示したものです。

表 ＡＲＣＳモデルの４つの要因の具体例

要因	具体例
A：Attention 注意	・具体例や視覚情報で伝える ・人物に焦点を当てる ・図や漫画などを活用する ・矛盾や相反することなど，心の葛藤を引き起こす
R：Relevance 関連性	・普段の生活（生活知）とつながる課題 ・学んだこと（学習知）とつながる課題 ・競争やゲームを取り入れる ・共同学習を取り入れる ・学ぶ価値があると捉えさせる
C：Confidence 自信	・課題の難易度の調節 ・確認的（正しい），矯正的（間違い）フィードバック ・できると思える支援
S：Satisfaction 満足感	・学んだことを転用する機会の提供 ・取り組みや達成への称賛 ・外発的な報酬

（ケラー（2010）『学習意欲をデザインする』北大路書房，をもとに，筆者作成）

ネタをどのように授業で位置づけるか，学習のデザインを心がけましょう。

（梶谷 真弘）

① 授業ネタの分類

授業ネタと言っても，様々です。「ネタとは何か」の問いには，多様な考えがあるでしょう。筆者は，表のような枠組みで考えています。

表　授業ネタの分類

	①素材ネタ	②ワークネタ
0．興味・楽しい	0－①	0－②
1．わかる	1－①	1－②
2．深める	2－①	2－②
3．活用する	3－①	3－②

（筆者作成）

まず横軸です。「①素材ネタ」は，モノや資料，小話などの素材によって，子どもを学びに向かわせ，力をつける授業ネタです。授業ネタの定番と言えるでしょう。一方，「②ワークネタ」は，素材ではなく発問，指示，活動，ワークなどで子どもを学びに向かわせ，力をつける授業ネタです。素材ネタがないときには，このワークネタが有効です。筆者は，この「ワークネタ」も，子どもを学びに向かわせるための授業づくりの肝なので，授業ネタと考えています。

次に，縦軸です。「0．興味・楽しいネタ」は，「わかる」や「深める」ものではないが，子どもを学びに向かわせるためのネタです。子どもが興味のあるネタや楽しいネタは，授業ネタの大前提と言えるでしょう。「1．わかるネタ」，「2．深めるネタ」，「3．活用ネタ」は，後のコラムで紹介します。

授業のどの場面に，どのような授業ネタを取り入れるかを考えることで，授業づくりの幅が広がります。

（梶谷　真弘）

見方・考え方を鍛える！
学びを深める
「世界の様々な地域」
授業ネタ

①世界の姿

「正直者は誰だ？」地図のウソを見破れ！

ネタ→授業化のヒント
定番の教材ですが，少し工夫を加え，キャラクターとセリフを設定し，「うそつきは誰だ？」と問うことで，子どもたちの目の色が変わります。

授業のねらい

地球儀と異なり，地球の姿を平面上に示す世界地図にはそれぞれ限界があります。活動を通して，目的に応じて様々な世界地図がつくられているということに気づかせ，子どもたちが様々な世界地図の特徴について説明できるようになることをめざします。

ネタ解説＆授業化のヒント

授業の導入で，パワーポイントのスライドを使用して本日の授業の登場人物を紹介します（ノブナガさん，リョーマさん，タイシさん，ペリーさんなど)。無料イラストなどを添えて紹介してあげると，子どもたちも喜びます。

発問： この４人のうち，正直者は誰だろう？

授業者が課題提示をする際に，“知っている歴史上の人物が嘘をついている”という設定上の仕掛けをするだけで，子どもたちの反応はずいぶんと変わります。「うそつきを見つけ出せ」という指示をして，プリントを配付します。プリントには，次のように４人の人物のセリフが書かれています。

A「東京からまっすぐ東へ行くと，北アメリカ大陸に到達するよ」
B「南アメリカ大陸は，ユーラシア大陸よりも大きいよ」
C「東京から最短距離でニューヨークへ行くとき，カナダ上空を通るよ」
D「グリーンランドは，オーストラリア大陸よりも大きいよ」

班で学習に取り組ませます。プリントと同時に，種類の異なる地図を印刷した資料プリント３枚（メルカトル図法，モルワイデ図法，正距方位図法）を各班に配付します。教室内に地球儀も置いておいてあげると良いでしょう。子どもたちは，これらの資料を手がかりにして，４人のセリフのうち，どれが正しいのかを考えます。

「グリーンランドのほうが大きいね。」「えっ，でもこっちの地図ではオーストラリアのほうが大きいよ。」「どちらかの地図は間違っているということなのかな？」「どっちが正しいんだろう？」「地球儀ではどうなっているんだろう？」「地球儀を見てみようよ。」「どうやらこの地図は面積が正しくなさそうだ。」「でも，この地図は国の位置がわかりやすいね。」

このような対話を通して，子どもたちが思考し，「世界地図では地球のありのままの姿を表すことができず，用途によって使い分けるためにさまざまな図法の地図が存在すること」を学び取っていきます。**学びを活性化させる上で，「謎解き」のような形で課題を提示することは有効**です。授業の振り返りの活動として，各地図の特徴をまとめさせると，知識の定着を促すことができます。また，発展的な問いとして，子どもたちに「地球儀よりも地図のいいところは，どんなところだろう？」「国の位置を説明するにはどの地図が有効？」「飛行機で移動する際にはどの地図がいいかな？」などと問いかけてみるのも良いでしょう。謎解きの学習活動を通して考えたことを想起させ，子どもたちの知識を活用して思考する力をのばすことができます。

（宮本　一輝）

②日本の姿

時差の問題でクラスの協同性を高めよう

ネタ→授業化のヒント
難しい時差の計算には，クラスで協力して取り組みましょう。理解の早い子どもは文章題を作ることで，個のレベルに応じた授業になります。

授業のねらい

「東京が昼なら，ニューヨークは夜」というのは不思議で，子どもの興味を引くものではあります。しかし，その計算となると難しく，「わからない」で終わってしまう子どもも多いのではないでしょうか。そんなときはグループ学習を行いましょう。個人の理解が深まるのはもちろん，1年生の初めの仲間づくりにもつながります。

ネタ解説＆授業化のヒント

授業が始まる前から，日本の裏側にあたる地点のライブカメラを流しておきます。ニューヨークのタイムズスクエアがおすすめです。（ライブ感が大切ですが，町がどんな様子かは常にチェックしておきましょう）

「この映像は何？」「どこの町だろう？」「動画じゃないの？」と子どもたちは興味津々で授業の開始を待つことでしょう。

授業の開始で，実はライブカメラで，現在のニューヨークの様子であることを伝えます。そして，『なぜ日本は朝でニューヨークは夜なのか』と投げかけてみましょう。ここは，科学好きの物知りな子どもの活躍の場面です。

そして，時差が生まれるしくみを説明します。そのあとで，『では，今のニューヨークは何時なんだろう？』と疑問を投げかけてみましょう。子どもたちに疑問を感じさせた上で，計算する方法があることを伝えることで，意欲が高まります。

時差の計算方法はなるべくシンプルに説明しましょう。おすすめは日付変更線を考慮しない方法です。次のように数直線を描き，経度の差を可視化します。そして，手順を次のように示します。

西		東
遅	0	早

①経度の差を出す。

②経度の差を15度で割る。（時差）

③時間を求める。（基準より西なら時計を戻す。東なら時計を進める）

そして，クラスに課題を提示します。グループ全員が時差の問題を解けることを目標とします。そして，４段階のプリントを教卓に置き，クリアできたら次のレベルのものに取り組むように指示します。例えば，レベル１は『○○と△△の経度の差は何度ですか？』という，先ほど示した①を問うものです。そして，レベル４は『自分で問題をつくろう』としておきます。グループ全員がレベル３まで到達することを目標にしているため，理解の早い子どもはレベル４で問題をつくり，苦手な子に解かせてみる，ということができます。

授業者は，自ら教えるのではなくて，みんなで学ぶ空気を作ることに徹します。途中で全体を止めて，良い教え方についてアドバイスし，子どもの協同的姿勢を育みましょう。１年生の１学期は，教科としての導入時期でもあります。この時期に，仲間と協力してミッションを乗り越える経験をさせることは，その後の社会科のイメージにもつながります。教師の社会科観を言葉ではなく，子どもに経験で伝える重要な機会だと捉えています。

（西田　義彦）

③人々の生活と環境

世界ユニークマラソン

Hint!

ネタ→授業化のヒント

世界各地で行われているユニークなマラソンから，気候や文化といった地域の特色を学んでいきます。

授業のねらい

世界では一風変わったユニークなマラソンがいくつか存在しています。クイズ形式で子どもたちに考えさせた後，ICT 機器を使用して調べていきます。Google Earth を地理の授業で積極的に活用し，視覚的なイメージをふくらませながら，「なぜそのようなマラソンが行われているのか」を考えます。

ネタ解説＆授業化のヒント

次のマラソンのうち実在するものはどれ？

①世界最北端！「北極マラソン」

②世界最南端！「南極マラソン」

③給水はオアシス!?「サハラ砂漠マラソン」

④世界遺産の建造物だ！「万里の長城マラソン」

⑤マチュピチュまで駆け上がれ！「アンデスマラソン」

⑥バッファローと走ろう！「サバンナ大自然マラソン」

⑦給水はワイン!?「ボルドーぶどう畑マラソン」　（名称は筆者作成）

正解はすべて存在します。「え？ウソ！」「全部あるの⁉」という反応で教室は盛り上がります。Google Earth が使用できるため，解説をしながら子どもたちに一緒に調べさせると効果的です。

北極は大陸ではないため，世界で唯一の海上マラソンであると宣伝されており，マイナス33度の極寒の中，鼻水を凍らせながらランナーは走ります。

南極マラソンはサハラ，アタカマ，ゴビの砂漠マラソンのうち２つを完走していなければ出場権が得られない過酷なマラソンです。

サハラ砂漠マラソンでは55度の暑さの中を10キロのリュックを背負って１週間で250キロを走ります。サハラ砂漠にはサソリが生息しているため，毒抜きポンプを持参していなければ命に関わります。「そこまでして走るの⁉」と子どもたちは興味津々です。

サバンナでは「ビッグファイブマラソン」と呼ばれているマラソンがあり，ビッグファイブとはゾウ，サイ，バッファロー，ライオン，ヒョウのことを指しています。上空からハンターが安全を確保しながらレースが行われます。

フランスのボルドーワインで有名なメドックマラソンではぶどう畑を走りながら，23種類のワイン，ステーキ，チーズ，アイスクリーム，牡蠣が給水所（？）で振舞われます。参加料は日本円で１万円程度であり，優勝すると体重と同じだけのワインが贈られます。Google Earth でメドックを調べると，温暖な気候の中ぶどう栽培をしている様子が分かります。

このように，何気ないクイズを切り口として，地名などを Google Earth で調べさせることで，温帯，寒帯，乾燥帯，高山の地形や風景の様子を楽しみながら学習することができます。中学校の学習として，子どもたちが主体的に学びながら，大まかな地域と気候を大観させるのに効果的です。

【参考文献】

・KAYAK『2019年に挑戦したいユニークな海外マラソン大会５選』（2024年１月７日閲覧）
https://www.kayak.co.jp/news/unique-marathons-around-the-world/

（行壽　浩司）

④人々の生活と環境

「砂漠の近くの人々って，どうやって生活しているの？」

ネタ→授業化のヒント
子どもたちが問いを立て，その問いに対する答えを探究する調べ学習です。子どもたちに疑問を抱かせる教材提示の仕方が重要です。

授業のねらい

サヘルを例に，乾燥帯の地域に暮らす人々がどのような工夫をして生活をしているかをつかませます。探究的な学びの練習機会として，子どもたちに自ら問いを立てる経験をさせてみる授業です。

ネタ解説＆授業化のヒント

教室で探究的な学びに取り組ませる際には，子どもたちに「考えてみたいな」と思わせるような導入が重要だと考えています。「誰でも参加できる／知的好奇心をくすぐる」ような，言い換えれば「教室の誰もが答えを知らない」ような問いかけで導入するのが有効です。本単元においても色々な導入の工夫が考えられますが，ここでは２例ほど紹介したいと思います。

発問Ａ：クイズです。次の写真のうち，『仲間外れ』はどれでしょう？

発問Ｂ：次の写真の［？］には，何が写っているでしょう？

発問Ａでは，３枚の写真を提示します。サハラ砂漠，鳥取砂丘，ドライバレー（南極大陸）の写真です。子どもたちは，生活経験で得た知識から「鳥取砂丘だ。」「砂漠だ。」「雪みたいなのが写っているものが仲間外れだ。」などと発言することでしょう。答えは，「砂漠」ではない「鳥取砂丘」です（※厳密には，砂漠と極地砂漠の違いがありますが）。クイズで子どもたちの注目を集めて答えを示した後に，『このサハラ砂漠の近くにも人が住んでいるよ。どうやって生活しているんだろうね。』とつぶやき，探究心を刺激します。

発問Ｂでは，サヘルに暮らす人々の食事風景の写真を少し加工し，食べ物が写っている部分を［？］で隠して提示するとよいでしょう。『ここは大きな砂漠のすぐ近くの地域です』と説明しながら考えさせてみると，子どもたちは「彼らはいったい何を食べているんだろう？」「どうやって食べ物を得ているんだろう？」と疑問に感じることでしょう。この発問をした場合には，導入で答えを見せる必要はないかもしれません。答えを知りたいという気持ちが，子どもたちの探究的な学びの動機になるものと思います。

活動：プリントに『自分の問い』を書き，その答えを調べてさがそう！

発問Ａ，Ｂのいずれにしても，子どもたちに「砂漠の近くの人々って，どうやって生活しているのだろう？」という疑問をもたせることができるものと考えます。その上で，生徒自身に具体的な問いを立てさせ，タブレット端末を使用し，調べて分かったその答えをプリントに書かせます。机間指導では，問いを立てることにつまずく生徒のフォローをします。問いを立てるのに困っている子どもには，『どんな家に住んでいるんだろうね？』などと声をかけ，衣食住に注目させるのがわかりやすく，よいと思います。一定の活動時間が経過した後に，黒板あるいはＩＣＴ学習ツール（ロイロノートや共有されたGoogle スライド等）を活用し，教室の仲間の学びが見えるようにすることで，学びを広げ，つなげて，さらに深めることもできるでしょう。

（宮本　一輝）

⑤世界の諸地域　アジア州

驚きのデジタル社会に変化した中国

ネタ→授業化のヒント
想像を超えるスピードでデジタル社会へと変貌した中国の実情を知ることで，生徒の中にある中国へのイメージ像や認識を大きく変えます。

授業のねらい

一人っ子政策，経済特区，大気汚染などのキーワードを用いて教科書での中国の学習内容は構成されているが，現在の中国は前述のキーワードだけでは語りつくせない国へと大きく変貌していることに気づかせる。

ネタ解説＆授業化のヒント

中国のどこにでもある市場に掲げられているQRコード決済の写真と街中を走るスマートフォンをつけた大量のバイク便の２枚の写真を提示する。

活動：現在の中国はどのような社会になっているか写真から考えよう！

「QRコード決済が当たり前の社会になっている。」「日本とは比べものにならない数のバイク便の人がいる。」「スマートフォンで何でもできるのでは？」

どうやらスマートフォンが鍵を握っていることに気づかせます。

発問：こんな社会ではスマートフォンがないと生活はどうなるだろう？

「スマートフォンがないと電車やバスにも乗れないのでは。」「もしかしたら現金がお店で使えないということもあるかも。」

このネタを通して，現在の中国では現金決済の方が嫌がられるレベルにあること，スマートフォン１つですべての生活が完結するほどのデジタル社会に変化していることを伝えます。

『これは経済が発展している中国の都市部だけの話だろうか？』「さすがに地方ではスマートフォンをもっていないお年寄りなどがいるのでは。」

この傾向は都市部だけと思いきや，地方の隅々にまで浸透していることが驚きのポイントです。なお，お年寄りであっても最高年齢で90歳の人がスマートフォンを所持して活用しているようです。

『スマートフォンが使えないと生活が不便になるレベルになっているほどのデジタル社会へ変貌している中国の実情を知ってください。』

活動：巨大な人口を抱える中国はこれからどのような国になりそうか。

生徒はそれぞれ教科書に書いていることなどを参考にして考えていきます。どうしても今までの中国を扱う学習は，急速な経済発展に伴う課題に関する問いがつくられることが多かったと思います。しかし，日本を超えるデジタル社会に変化した中国の実情を知ることで，今までの資料の読み取り方に変化をもたらすと考えています。例として，『携帯電話などの工業製品の世界生産に占める中国の割合』の資料は，ハードウェアを大量に生産する世界の工場としての側面だけでなく，その先にソフトウェアとして便利なアプリなどを生み出すことができるようになったことにつなげることもできます。社会科教師は常にアンテナ高く，情報をアップデートし続けたいですね。

【参考文献】

・永井竜之介（2020）『LEAP MARKETING 中国ベンチャーに学ぶ新時代の「広め方」』イースト・プレス

（小谷　勇人）

⑥世界の諸地域　アジア州

中国はなぜ「人口減」に転じたのか？

Hint!

ネタ→授業化のヒント

中国は一人っ子政策を廃止したにも関わらず，人口が減少してきています。この矛盾の考察を通して，中国社会の現状と課題を学習しましょう。

授業のねらい

人口減少の理由を多面的・多角的に考察し，中国社会が抱える課題に迫る。

ネタ解説＆授業化のヒント

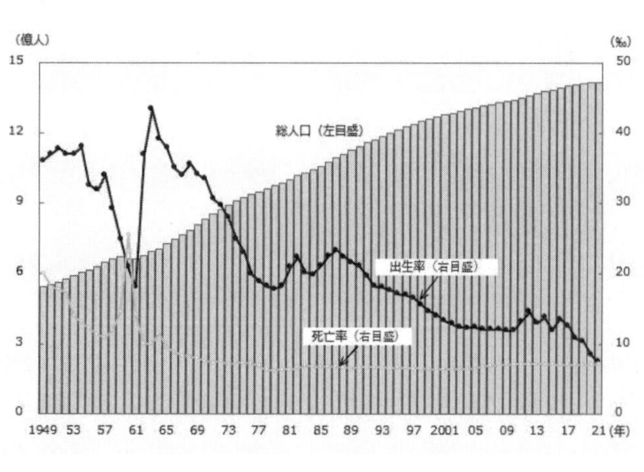

右の資料は，中国の総人口，出生率，死亡率の推移を表したものです。1979年以降，出生率（人口1000人あたりの出生数）が緩やかに減少していることが分かります。子どもにこの理由を問うと，「一人っ子政策」というキーワードが出てきます。これは，中国が漢民族に対して，急激な人口増加を抑制するために実施した政策です。2016年，中国はこの政策を事実上廃止し，現在は三人まで子どもをもつことができるようになっています。

2021年以降，中国の人口はどのように変化しただろうか？

【増加した】「厳しかった規制がゆるくなったから，当然増加したはず」

【減少した】「新型コロナの感染拡大と時期が重なっているから」

「一人っ子を，お金をかけて大切に育てることが当たり前になったから」

答えは「減少した」です（2022年末時点で，61年ぶりに減少）。

現在中国では，結婚の必要性を感じず，急がない人が増えています。このような風潮を，中国国内で流行している言葉を通して考えさせます。

①○婚族：結婚に対してネガティブなイメージをもち，前向きに考えられない人々。

②○○○○さま：恋人やパートナーを持たず，自分の好きなことにお金と時間をつかって自分だけの生活を楽しんでいる人々。

正解は，①恐婚族　②おひとりさま　です。②については，大人になっても「推し活」を続けたい中学生にとっては親しみをもてたようでした。このような風潮を反映し，中国では本来は複数人で食べる鍋料理（火鍋）を，カウンターで一人でも食べられるようにしたレストランが流行しています。

また，人口減少の理由は他にも「子育てコストの上昇」（親の介護と重なるケースが増加），「公共サービスの不備」（小児科，保育園，幼稚園などの整備が進んでいない地方もある）など多岐に渡ります。中国社会の課題は，日本に通じるものがあります。グループで議論を深めましょう。

【参考文献】

・「中国人口減」「『一人っ子』どころか」朝日新聞　2023年１月18日
・嶋　亜弥子「中国で少子高齢化が進む」ＪＥＴＲＯ（2023年２月閲覧）
https://www.jetro.go.jp/biz/areareports/2022/f051862c80a917a1.html

（前田　一恭）

⑦世界の諸地域　アジア州

インドネシアの決断
―モノカルチャー経済脱却の果てに―

ネタ→授業化のヒント

インドネシアのモノカルチャー経済脱却の事例から，モノカルチャー経済継続と脱却双方の問題をSDGsの視点から学びます。

授業のねらい

インドネシアは天然ゴムのモノカルチャー経済から脱却するためにパーム油生産のためのアブラヤシ栽培を拡大しています。しかし，森林破壊につながっており，看過できなくなってきています。リスク回避のモノカルチャー経済脱却が別のリスクを生んでいる状況を学びます。

ネタ解説＆授業化のヒント

天然ゴムの原料「パラゴムノキ」の写真を提示します。

発問：この木から作られるみんなにとっても身近な素材とは？

ヒントを出します。①樹液を採取している写真，②ここはインドネシア，③この教室にもあるはずなどのヒントで興味を引き付けましょう。答えは「天然ゴム」です。原産はアマゾン川流域です。ブラジル政府はかつて自動車社会を予想し，パラゴムノキを外国に持ち出すことを禁止する法律を作りました。しかしイギリス人がこっそり持ち出し，イギリス領マレーシアに持ち込んで東南アジアで広まりました。この後に『モノカルチャー経済の弱点は？』などの発問でリスクが高いことを確認してから，モノカルチャー経済脱却のためにインドネシアが作り始めたものをクイズで出題します。「マーガリン」「(植物性油脂を使った）化粧品」「洗剤」の写真を提示します。

発問：インドネシアが生産量世界一，この写真に共通する原料は？

答えは「パーム油」別名，植物性油脂です。食品，化粧品，洗剤のほかにバイオ燃料としても使え，今世界で最も使われている植物性油脂です。しかし，このパーム油をとるアブラヤシ栽培の農地拡大によって森林破壊が起こっているのです。ブラジルの大豆栽培と同様の現象です。グーグルアースのタイムラプス機能で森林破壊の様子を確認します。

ただし，インドネシアの問題は，ブラジルの大豆のそれとは少し構造が異なります。インドネシアはモノカルチャー経済という問題対策の末にアブラヤシ栽培をしており，SDGs の視点で見ると価値の対立があるのです。

発問：モノカルチャー経済を継続することは SDGs の視点からどのような問題がありますか？
モノカルチャー経済脱却のためにアブラヤシ栽培を拡大し森林を破壊することは SDGs の視点からどのような問題がありますか？

モノカルチャー経済は，「1：貧困」「2：飢餓」「4：質の高い教育」（児童労働問題もあるため）「8：働きがいも経済成長も」など，脱却側は「13：気候変動」「15：陸の豊かさを守ろう」などから問題があります。パーム油をたくさん消費している日本人としてもきっちりおさえておきたい問題です。これらをまとめて啓発ポスター作りをしても良いでしょう。

【参考文献】

・宮路秀作（2023）『現代史は地理から学べ』SB クリエイティブ

（佐伯　侑大）

⑧世界の諸地域　アジア州

西アジア―石油だけじゃない！ドバイの経済発展のヒミツ―

ネタ→授業化のヒント

「西アジアの国々が経済発展している理由は原油が豊富に採れるからである」という固定観念を揺さぶり，授業への関心を惹きつけます。

授業のねらい

西アジアの多くの国が経済発展を遂げた理由を，UAE の首長国であるアブダビとドバイの比較を通して理解させます。

ネタ解説＆授業化のヒント

西アジアの国の学習をすることを伝えた後，UAE のアブダビ王室の富豪エピソードクイズをします。

『王室メンバーのハマド氏は自動車を○○台持っています。』

「100台！」「150台！」『なんと，3,000台所有しています。』自動車コレクションとともにピラミッド型の駐車場を見せると実感がわきやすくなります。

『なぜお金持ちなのでしょう？』（主要な油田を示した地図を提示）

「石油がたくさんとれるからだ！」『その通りです。』

次に同じ UAE のドバイも経済発展を遂げたことをクイズ形式で紹介します。

『ドバイに本当にある自動販売機は？　A　金　B　宝石　C　自動車』

「(当てはまるところで挙手)」『正解はA。金塊の自動販売機があります。』

『ドバイの国王のペットは？』「ラクダ？」「ゾウ？」「ライオン！」

『そのとおり。ライオンやトラをペットにしています。では，なぜドバイは経済発展したのでしょう？』

多くの子どもは「石油」ではないかと推測することが予想されます。そこで，先ほども提示した主要な油田を示した地図を再度提示します。

『ドバイに油田はある？』「ない！」「油田があるのはほぼアブダビだ！」

発問：なぜドバイは原油が多く採れないのに経済発展を遂げたのだろう？

教科書を用いて調べ学習をします。すると，ドバイでは観光業に注力しており，ショッピングセンター内に水族館やスキー場があることを例に，産油国ではないがゆえの工夫が見られることを理解できます。産油国であるアブダビも，原油の輸出で得られた利益を交通・通信や，教育の分野に投資して経済発展を続けていることも補足します。最後に，以下のような発問をし，さらに深く考えさせることもできます。

発問：30年後，さらに経済発展しているのはアブダビ・ドバイどちらか，経済専門家になって予測しよう。

原油の有限性や感染症流行による観光業への影響，輸出で得られた利益の使途等に注目して考えることで，応用的な学習につなげられます。

【参考文献】

・APPBANK「3,000台の車を持つアラブの自動車王が“寝室４つ付き巨大トラック”や“日産の激レアカー”などケタちがいのコレクションを公開」（2024年５月16日閲覧）
https://www.appbank.net/2021/08/05/technology/2107258.php

・BuzzFeed Japan「ドバイの人たちのペットはだいたいライオンか虎」（2024年１月21日閲覧）
https://news.line.me/detail/oa-buzzfeed/dc4935d06059

・ホームメイト「ドバイのスキー場について」（2024年１月21日閲覧）
https://www.homemate-research-ski.com/useful/16026_ski_067/

（阿部　孝哉）

⑨世界の諸地域　ヨーロッパ州

インターカルチュラル・シティと多様性

ネタ→授業化のヒント
移民が増えるヨーロッパの国々が取り組む都市政策として行われるインターカルチュラル・シティの考えからEU統合課題の対策を学習します。

授業のねらい

現在のヨーロッパは多様な文化をもつ人々が共存する社会となっています。EU統合の課題を追究する際，経済格差などの負の側面に触れるも，実際に行われている対策にまでは踏み込んでいないと考えています。インターカルチュラル・シティの考えを知ることで統合の在り方のヒントが見えます。

ネタ解説＆授業化のヒント

イスラム教を信仰している人が写っていて，アラビア文字が多言語として書かれた看板のあるヨーロッパの都市部の写真を提示します。

活動：写っている人はどのような地域から移り住んできたか考えよう！

「サウジアラビアなどの中東の国かな。」「ヨーロッパの国なのに，こんなにたくさんのイスラム教の人たちが移り住んでいるんだね。」

発問：異文化で生きる人々が多い地域ではどんな問題が起きそうか？

「考え方や習慣のちがいから生活上のトラブルが起きそう。」「仕事をする上でも意思疎通ができずに困ることが多いかもしれない。」

このネタに触れた後，教科書によく記載されている『ヨーロッパ諸国における平均年収と外国人の移動』の主題図を提示します。

『外国人の流入が多い地域はどのようなところ？』「平均年収が高く，イメージ的に工業化が進んでいる有名な国に移動している。」

『逆に外国人の流出が多い地域はどのようなところ？』「同じ EU 加盟国の中でも平均年収が低いところ。」「よく見るとシリアなどのイスラム教を信仰している国や中国・インドからの移民が多い国があるね。」

『EU 加盟国間の経済格差があることで人々の移動が活発になっている訳です。それに伴って起きる異文化間の問題を何とかできないだろうか。』

活動：インターカルチュラル・シティとはどのような考えか調べよう。

まだ日本でも浸透していない用語ですので，生徒のもつタブレット端末で調べながら考えていきます。**インターカルチュラル・シティ**とは，移住者やマイノリティを含む都市住民が生み出す文化的多様性を，脅威ではなくむしろ好機と捉え，都市の活力や革新，創造，成長の源泉とする理念を基に都市政策が行われている地域です。有名なのはスペインのバルセロナ市などがあります。イギリスの EU 離脱は移住者を脅威に思ったところから始まってしまいました。実際に失業した若者が増えてしまった事実はありますが，少子高齢化が進み生産人口が減っている国では移民をうまく受け入れていかなければ都市の成長は難しい部分があります。**インターカルチュラル・シティ**の考えは，今後の日本にとってもヒントになることがたくさんあります。

【参考文献】
・山脇啓造，上野貴彦（2022）『多様性×まちづくり　インターカルチュラル・シティ―欧州・日本・韓国・豪州の実践から』明石書店

（小谷　勇人）

⑩世界の諸地域　ヨーロッパ州

ルール工業地帯の発展のヒミツとは？

ネタ→授業化のヒント

工業の学習は，工業地帯の名前や主な製品を確認するだけの暗記学習になってしまいがちです。本稿では，ルール工業地帯の発展の理由と現状を多面的・多角的かつ主体的に考察します。

授業のねらい

ルール工業地帯の事例を通して，工業発展の「法則性」を見出す。

ネタ解説＆授業化のヒント

ヨーロッパ最大級であるルール工業地帯の発展には，大きく二つの理由があります。一つ目は，資源が豊富であったためです。地図帳でルール工業地帯の位置を確認し，その一帯から採れる資源を読み取らせます。鉱産資源や農産物などの読み取りは，誰もが抵抗なく取り組むことができます。「石炭が採れる」という声に対し，次のように説明します。

『石炭を燃料として，鉄鉱石を加工することができるので，ルール工業地帯では鉄鋼業を中心とした重化学工業が発展しました。でも工業製品は，出荷して購入してもらわないと利益が出ません。ルール工業地帯発展の二つ目の理由は，出荷（輸送）の点でも恵まれていることです。その具体的な内容を，再び地図帳から考えましょう。』

初めは大きな道路がないかと探したりしていますが，「ライン川」というキーワードが出てきます。ライン川の水運により，鉄鋼などの大きな工業製品を運送できたことを説明し，次のように発問します。

『ライン川を下ると，どこに到着しますか。』

地図帳のライン川を，水源地であるアルプス山脈からペンなどでなぞらせると，「最後はロッテルダムに着きます」という答えが返ってきます。ロッテルダム（オランダ）にはヨーロッパ最大の港であるユーロポートがあることを説明し，次のように発問します。

ライン川が港とつながっていることは，ルール工業地帯にとってどのようなメリットがあると考えられるだろうか？

「製品を国内だけではなく，外国にも輸送・販売することができる」「外国から鉱産資源（主に鉄鉱石）や機械を輸入して，新しい製品を生産し，工業地帯全体の出荷額を増加させることができる。」などの答えが出ます。この問いを通して，港はモノの出入りを通して新たな価値を生み出すことができる場所であるという「見方・考え方」を鍛えることができます。

19世紀から長きに渡ってドイツ経済を支えてきたルール工業地帯ですが，1960年代から成長にかげりが見えてきました。

ルール工業地帯が衰退しはじめた原因は何だろうか？

「戦争の影響で，機械が壊れたり，労働者の数が減少したりしたから」のように，歴史的な観点からの答えも出ます。最大の理由は，「石炭が採れなくなってきたため」です。最盛期には300以上あった炭鉱は徐々にその数を減らし，ついに2008年には最後の炭鉱が閉山しました。また丁度同じ時期に，石炭から石油へのエネルギーの転換が進んだことも大きな要因です。『ドイツの工業の中心はどのように変化したか』というジャンプ課題を設定すれば，ドイツ工業の現在の姿に迫ることができます。

（前田　一恭）

⑪世界の諸地域　アフリカ州

「HAPPY」とアフリカのイメージ

Hint!

ネタ→授業化のヒント
ファレル・ウィリアムスのミュージックビデオ「HAPPY」をモチーフにした動画投稿を切り口に，アフリカのイメージを考えます。

授業のねらい

アフリカにおける子どもたちのイメージとして，熱帯・乾燥帯といった気候や発展途上国というステレオタイプの理解に留まっています。それを払拭するため，アルジェリアの都市オランにて撮影された「HAPPY」の動画を視聴し，アフリカに対するイメージを問い直し，再構築します。

ネタ解説＆授業化のヒント

ファレル・ウィリアムスのミュージックビデオ「HAPPY」は世界的なブームを巻き起こし，その音楽に合わせて動画を撮影し，世界中の人が投稿しています。次の動画は世界のどこで撮影されたものでしょうか。植物や建物，服装などに着目して考えてください。

まだ正解は教えず，アルジェリアの都市オランにて撮影された「HAPPY」の動画を視聴し，考えさせます。

「海が見える。」「白人が多い。」「黒人もいた。」「アジア系ではない。」「ヤシの木のような植物がある。」「高層ビルやプール，テニスコートがある。」「石の建物もある。」「温帯に少し乾燥地域が入っている？」

正解はアルジェリアの都市オランであると伝え，地図帳でその場所を調べます。子どもたちになじみのない場所ですが，カミュの作品「ペスト」の舞台になった都市です。

アルジェリアの都市オランの場所を調べ，「HAPPY」の動画と比べて気づいたことはありますか？

「アフリカの都市だった。」「アフリカといえばジャングルとかバナナ農園とかのイメージだったけど，とても都会。」「かつてはフランスの植民地だったみたい。だから白人が多いのかな？」「地中海の周辺だから，ヨーロッパのような地中海性気候なのでは？」

私たちは「ヨーロッパ州」や「アフリカ州」のように世界を地域区分に分けて大観しています。しかし，古代ギリシャ・ローマの時代にあるように，地中海を中心とした交易によって港町が栄え，文化圏や生活圏が形成されるという方が正しい理解といえるかもしれません。オランの「HAPPY」を切り口に，ステレオタイプ的な理解であったアフリカのイメージを払拭し，アフリカの気候区分の学習へとつなげます。

アフリカ大陸では地中海周辺の地域が温帯であり，同様に南アフリカ共和国も温帯になっています。ボルダーズビーチをGoogle Earthで調べてみると，ケープペンギンが海岸にたくさんいることがわかります。「ペンギンは寒いところにいる」というイメージを払拭することができます。

【参考文献】

・YouTube『Pharrell Williams - Happy』（2024年1月7日閲覧）
https://www.youtube.com/watch?v=y6Sxv-sUYtM

（行壽　浩司）

⑫世界の諸地域　アフリカ州

なぜアフリカ州は貧困に苦しんでいるのか？

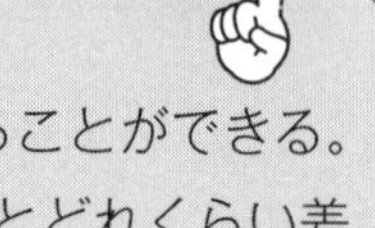

ネタ→授業化のヒント

「貧困」という抽象的な概念は，お金を通して具体化することができる。アフリカが直面している貧困の生活は，自分たちの生活とどれくらい差があるのか。その原因を鉱産資源の観点から考察します。

授業のねらい

矛盾する事実を多面的・多角的に考察し，社会的な見方・考え方を鍛える。

ネタ解説＆授業化のヒント

昨日一日の生活に，どれくらいの費用がかかりましたか。

子どもたちはこのようなことを意識して生活していないので，一日の行動を振り返りながら，光熱費・水道代・食費・一回分の塾の授業料などを必死に計算します。なかにはかなり高額になることに自分で驚く子どももいます。

国際的に「貧困」とされているのは，一日何円以下の生活でしょうか。

ア：200円　　イ：500円　　ウ：700円

正解は「ア」（1.9ドル）です（具体的な生活のようすは，参考文献をご参照ください）。次に，地図帳の資料からアフリカ州の国別の貧困率を確認させると，多くの国が貧困に苦しんでいることが分かります。今回は特に，コンゴ民主共和国（貧困率60％以上）に注目します。この国の主な収入源が鉱産資源であることを説明し，地図帳の資料から具体的な資源を読み取らせます。「ダイヤモンドがある！」「高価なものがたくさん採れるということは，収入もかなり多いはずだ。」などの発言が出てきます。コンゴはレアメタルの一種であるコバルトの生産量が世界一であり，レアメタルがないとスマホ・パソコンなどのデジタル機器が生産できないことも説明します。

鉱産資源が豊富であるのに，コンゴ民主共和国が貧困で苦しんでいるのはなぜでしょうか。学習班で考えましょう。

鉱産資源から利益を生み出すために必要なことは何なのか。また，生み出された利益はどこにいったのか。なぜ国民に還元されないのか。このような観点の提示に加えて，『アフリカ州には，なぜ国境が直線的な国が多いのかを改めて思い出してみよう』という**既習知識**の活用を促す教師からの声かけがあれば，多面的・多角的な考察が進みます。なかには学びを深めて教師の予想をこえる解答を出す班もあります。以下に，実際の解答例を挙げておきます。

・鉱産資源を採掘しても，加工する技術がないから。
・かつて植民地支配を受けており，現在も利益の多くを他の国の企業がとってしまっているから。
・国内では紛争が多発しており，治安を維持する（戦車などの武器を購入する）ために多くの費用がかかってしまうから。

【参考文献】

・ハンス・ロスリング，オーラ・ロスリング，アンナ・ロスリング・ロンランド（2019）『ＦＡＣＴＦＵＬＮＥＳＳ』日経 BP

（前田　一恭）

⑬世界の諸地域　アフリカ州

アフリカでビジネスチャンス！ ―ケニアで何を売れば儲かる？―

ネタ→授業化のヒント

アフリカ州は「最後のフロンティア」と呼ばれ，多くのビジネスチャンスがあると考えられています。今回の授業ではケニアに何が必要なのかを考えます。

授業のねらい

ケニアでは現在，スマートフォンを使った電子マネーシステムであるM-PESAが普及しています。これによって銀行口座やクレジットカードがなくても送金や支払いが行えます。他にも首都のナイロビでは女性が髪の毛のお洒落に5000～１万円ほどかけるなど，確実に生活水準が良くなってきています。しかし，農村部ではまだまだ貧困な生活が見られます。これらケニアの「今」を知り，発展に必要なものを考えます。

ネタ解説＆授業化のヒント

ケニアの人々がスマートフォンを操作している写真を提示します。

活動：スマホを使って何をしているのだろう？

「動画を見ている。」「ゲームをしている。」「SNSを利用している。」
→『都市に出稼ぎに来た人が給料を家族に送金している様子です。』

生徒にとってスマートフォンは遊び道具であることが多いと思います。しかし，ケニアの人にとってスマートフォンは生活に欠かせない必需品であることを伝えます。またスマホで送金するだけでなく，現金の引き出しや公共料金の決済，ローンを組むことなどができることも伝えます。

活動：ケニアの暮らしについて調べてみよう！

ケニアの生活風景がわかる写真を何枚か提示します。首都ナイロビの中心地では家電なども最新のものが使われており，かなり裕福な暮らしをしていることがわかります。一方，農村部では電気や水道などの基礎的なインフラもままならずに生活している人たちがいることもわかります。

活動：ケニアに何を売り込めば良いか考えてみよう！

最後にケニアの現状を知り，「今ケニアに何が必要か？」と問います。その際にアフリカに送られた大量のファストファッションの衣類が海に廃棄されている映像を見せ，安易な支援は逆効果であることを伝えます。そして日本の企業として何を売り込めば良いのかを考えさせます。アフリカへ先進国の企業が進出するパターンは全部で４つあると言われます。①資源等の獲得の現場として②将来の有望市場として③生産拠点として④新たなビジネスモデルの発掘と実証の場として　このうち近年注目されているのが④です。これはM-PESAや医療の遠隔診断，AI診断サービスやドローンの配送サービスなどが④に当てはまります。単なる支援ではなく，ビジネスとして成功し，かつケニアにとって本当に必要なサービスを考えさせたいです。

【参考文献】
・椿進（2021）『超加速経済アフリカ』東洋経済新報社
・ハンス・ロスリング，オーラ・ロスリング，アンナ・ロスリング・ロンランド（2019）『FACTFULNES』日経BP

（西川　貢平）

⑭世界の諸地域　アフリカ州

ルワンダにある驚きの村とは？

Hint!

ネタ→授業化のヒント

1994年に大虐殺が起こったルワンダには，和解村とよばれる虐殺加害者と被害者が共に暮らす村がある。この村を導入に，アフリカで紛争が多い理由やアフリカが今後発展するために必要なことを考察します。

授業のねらい

和解村という衝撃的なネタを導入に使うことで，子どもの授業参加を促します。そして，ルワンダの歴史からアフリカで紛争が多い理由を分析します。最後にルワンダの発展を学ぶことで，他のアフリカ諸国が発展するために必要なことを考えます。

ネタ解説＆授業化のヒント

Q&A　**クイズ：** 笑顔でうつる２人の男女（エマニュエルさん・アリスさん）の写真，２人の関係は？

「夫婦」「兄妹」「友人」等，いろいろな答えが子どもから挙がります。答えは，エマニュエルさんは，アリスさんの右手を切断し，娘を殺した加害者です。

ルワンダでは，1994年に100日間で80万人～100万人の大虐殺があったことを説明します。この説明の時，2005年に公開された「ルワンダの涙」の予告編を使用してもいいかもしれません。

発問：どうしてルワンダでは，大虐殺が起こってしまったのか。

植民地支配の影響から，フツ族とツチ族の対立が起こったこと，その他のアフリカの国々も，植民地支配の影響で，紛争が発生したことを説明します。

クイズ：ルワンダは，アフリカの「○○」と呼ばれる。○○とは？

答えは，「奇跡」。ルワンダは，2010年以降，毎年７％もの経済成長を遂げています。ルワンダは，他国の支援を受けながら，ICT 産業に力を入れることなどにより，経済発展に成功しています。また紙幣に，子どもがパソコンで学習している様子が使用されていること，ドローンで輸血を運ぶシステムが使用されていることなどもクイズ形式で紹介してもいいかもしれません。

そして教育にも力を入れ，これまであったフツ族・ツチ族の区別を無くし，ルワンダ人として国民の再統合を進めました。またその取り組みを進める中で，政府が加害者と被害者を共に暮らす和解村を作ったそうです。

課題：アフリカの国を１つ選び，学んだことを使いながら，経済成長のためのプランを提案しよう！

この課題をアフリカ州の単元の最終課題に設定し，選んだ国の貧困の理由を必ず分析すること，という条件をつけました。この条件を付けることで，アフリカ州の全授業の学習を生かしながら，課題に取り組むことができます。

【参考文献】

共同通信（2019）「ルワンダ大虐殺で娘失った母「犯人を許します」 和解進み復興，傷癒えない遺族も」（2024年１月４日閲覧） https://nordot.app/503032855247291489

（玉木健悟）

⑮世界の諸地域　北アメリカ州

トランプさん，バイデンさん，どちらの移民政策を支持すべき？

ネタ→授業化のヒント

アメリカの移民政策に関する論争問題を取り扱うことで，多角的な視点から意見する力や社会問題に意見する力を育てます。

授業のねらい

2021年に行われたアメリカ大統領選挙で争点のひとつとなったアメリカの中南米移民政策を扱うことで，移民の歴史や移民が産業にどのような影響を与えているのかを考えます。また実際の論争問題を扱うことで，社会問題に意見する力を育てます。

ネタ解説＆授業化のヒント

Q&A **クイズ：** 不思議な場所にシーソー？どこにできたシーソーだろうか？

答えはアメリカとメキシコの国境に建設された壁です。トランプ大統領は，中南米からの不法移民に対して，巨大な壁をつくるなど厳しい移民政策を掲げ，当選したこと，バイデン大統領は，壁建設に反対で，比較的移民に寛容であったことを説明し，移民政策で対立していたことを確認します。

課題： バイデンさん，トランプさん，どちらの移民政策に賛成？

この時点では予想だけさせて，アメリカの移民の歴史の説明を行います。

アメリカの「ニュー」のつく地名探しから，アメリカは移民によって，発展してきたこと，現在も世界中から優秀な人材が集まることなどを説明します。

また近年増加傾向にあるヒスパニック系の移民は，白人に比べて，比較的安価な労働力となっています。不法移民の場合は，さらに安価な労働力となります。安価なファストフード店の労働やアメリカの農業は，これらの安価な労働力が支えており，アメリカの経済発展を支える一部になっていることを説明します。

発問：どうしてトランプさんを支持する人が多かったのか。

工業の授業では，五大湖周辺でなぜ自動車産業が栄えたのかを資料から考え，まとめます。そして現在のデトロイトの廃墟の写真を見せながら，現在はラストベルトとよばれていること，安価な労働力流入により，失業する危険性がある白人系労働者層が，トランプ大統領を支持したことを説明します。

中南米からの移民は，アメリカの経済発展を支えている一方で，失業者の増加や治安の悪化の危険性があることを確認します。

そして授業の最後にあらためて，授業当初に出した課題について，意見文を書いてもらいます。時間に余裕があれば，クラス内で討論をしてもいいでしょう。トランプ大統領とバイデン大統領は，その他にも環境政策など，様々な面で対立しており，この２人の政策の対立は，色んな切り口から教材化できるでしょう。

【参考文献】
・朝日新聞 Globe＋（2019）「800万人が不法就労するアメリカ　それが容易には変わらない理由」（2024年１月４日閲覧）https://globe.asahi.com/article/12095097

（玉木　健悟）

⑯世界の諸地域　北アメリカ州

センターピボット農法が支える「世界の食糧庫」

ネタ→授業化のヒント

アメリカの中央部に広がる不思議な円…。航空写真を一枚見せるだけで子どもたちの好奇心をくすぐることができます。楽しいだけでなく，アメリカの適地適作，そしてSDGsについても学ぶことができます。

授業のねらい

センターピボット農法はアメリカで開発されたものです。広大ですが，降水量の少ないグレートプレーンズを開拓するために，地下水をくみ上げるという工夫が行われました。この農法はエジプト，オーストラリア，イスラエル，サウジアラビアにも広がっています。最近では地下水のくみ上げによる地盤沈下も問題になっており，水資源の重要性についても考えることができます。

ネタ解説&授業化のヒント

授業の導入でグレートプレーンズの航空写真を見せましょう。それだけで子どもたちは興味津々です。最初は引いたところの写真を見せ，『これはなんでしょう？』と問います。そして，少しずつズームしていきます。すると，円になった畑であることに気づきます。そこで，『なぜこんな形になるの？』とさらに投げかけます。子どもたちがあれこれと予想を言う雰囲気になれば，次の展開につなげやすくなります。

発問： この「円」はどんなところにあるのだろう？

あえて，「どんな」という広い聞き方をすることで，子どもたちの地理的思考を揺さぶります。１年生では「どんなところ？」に対する答え方の指導も行います。ここでは，どんな地形か，どんな気候か，どんな国や州か，といった視点で整理します。状況によっては表を用いてもよいです。

センターピボット農法の行われている場所の特徴

・地形…広大な平野（グレートプレーンズ）

・気候…気温は暖かいが，降水量の少ないところ

・国や州…面積の広いアメリカ合衆国

これらの要素を組み合わせることで，「広大だが，降水量の少ない平野を活かすために，地下水をくみ上げて農業を行っている」という予想へと導きます。そして，巨大スプリンクラーの動く様子を動画で見せます。アメリカの農業の規模の大きさに気づくこともできます。

発問： センターピボット農法が最近，環境によくないといわれている。どんな環境破壊になっているのだろう？

地下水のくみ上げによる地盤沈下が問題になっています。エジプトやオーストラリアなどの乾燥地帯での食糧生産に利用されてきましたが，地下水も「地下資源」であり枯渇が心配されています。そして，このセンターピボット農法で作られた作物は，もちろん日本に大量に輸出されているため，世界的な課題であることにも気づかせましょう。

（西田　義彦）

⑰世界の諸地域　北アメリカ州

アメリカ社会見学ツアーを企画し，デジタルパンフレットを作ろう！

Hint!

ネタ→授業化のヒント

教科書を活用した探究学習の実践です。授業時数等の制約がある中，子どもの学習成果を生かして教科書内容が網羅できるよう，工夫しました。

授業のねらい

北アメリカ州の歴史，農業，工業，文化について，その特色をまとめさせ，互いの学習成果を共有し合う全５時間の学習です。教科書に準拠した内容を軸に，一人ひとりそれぞれのテーマに沿って探究的に学ばせます。

ネタ解説＆授業化のヒント

１時間目の授業では，「アメリカって，どんな国？」をテーマとして，学習の見通しをもたせることをねらいます。まず，「アメリカについて知っていること」をたくさん挙げさせ，黒板を子どもたちから出た意見でいっぱいにし，ファストフードやファッション，スポーツ，エンターテインメントなど，アメリカの文化・社会が私たちの生活と大きく関係していることに気づかせます。その上で，この単元の学習課題を提示します。

活動：アメリカ社会見学ツアーを企画し，パンフレット作りをしよう！

「社会見学ツアーを企画する」上で，テーマを**①歴史**，**②農業**，**③工業**，**④文化**のうちから選んで決めさせます。ただ選べと言うだけでは子どもたちの活動は活性化しにくいので，スライドで写真等を提示して問いかけをしながら，子どもたちの「気になる」気持ちを刺激します。例えば，『(星条旗を提示して）アメリカの国旗の秘密，知ってるかな？これは建国の歴史と関係しているよ。』，『(フィードロットの写真を提示して）牛さんがぎゅうぎゅう詰めになっているね，どうしてだろう？』，『(シリコンバレーの企業一覧を提示して）こんな世界的に有名な企業が集まっているエリアがあるみたい。どこだろう？』などと発問し，子どもたちが主体的にテーマ選びをできるよう促してみるとよいでしょう。テーマを決めた後，社会見学ツアーのミニ企画書（図１）を書かせます。子どもたちに活動をさせるときには，モデルの提示が効果的です。図２のように，既習のヨーロッパ州を例にモデル作品を示し，子どもたちが調べ学習にスムーズに取りかかれるようヒントを与えます。子どもたちはインターネットを活用し，ツアーの行き先を決めます。

２時間目からは，子どもたちがプレゼンテーションソフトを使用してデジタルパンフレットを作成します。ここでは割愛しますが，パンフレットのモデルも，合わせて提示してあげるとよいでしょう。私の実践時には，農場体験ツアーや，スポーツ観戦ツアー等を企画した子どもたちがいました。

まとめとなる５時間目には，互いのパンフレットを見せ合い，全てのテーマの要点まとめプリントを協同学習で完成させます。自分の学びの成果が仲間の学びを支えるという経験は，自己有用感の向上にもつながります。

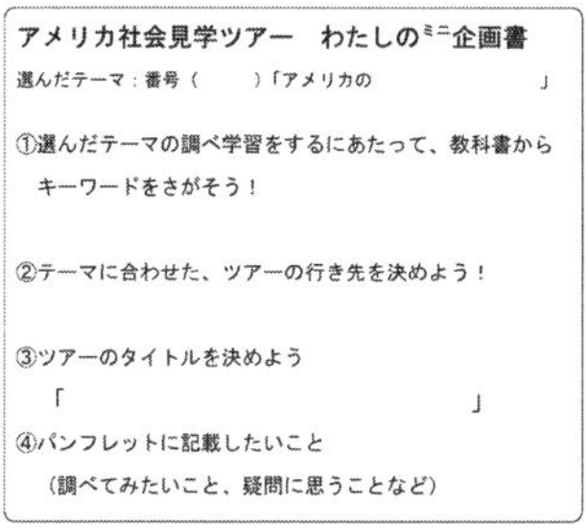

アメリカ社会見学ツアー　わたしのミニ企画書

選んだテーマ：番号（　　）「アメリカの　　　　」

①選んだテーマの調べ学習をするにあたって、教科書からキーワードをさがそう！

②テーマに合わせた、ツアーの行き先を決めよう！

③ツアーのタイトルを決めよう

「　　　　　　　　」

④パンフレットに記載したいこと

（調べてみたいこと、疑問に思うことなど）

図１

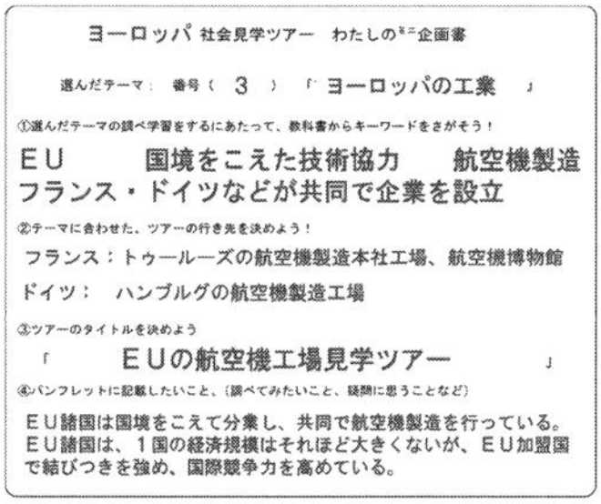

ヨーロッパ 社会見学ツアー　わたしのミニ企画書

選んだテーマ：　番号（　３　）「ヨーロッパの工業　」

①選んだテーマの調べ学習をするにあたって、教科書からキーワードをさがそう！

ＥＵ　　国境をこえた技術協力　　航空機製造
フランス・ドイツなどが共同で企業を設立

②テーマに合わせた、ツアーの行き先を決めよう！

フランス：トゥールーズの航空機製造本社工場、航空機博物館
ドイツ：　ハンブルグの航空機製造工場

③ツアーのタイトルを決めよう

「　ＥＵの航空機工場見学ツアー　」

④パンフレットに記載したいこと、（調べてみたいこと、疑問に思うことなど）

ＥＵ諸国は国境をこえて分業し、共同で航空機製造を行っている。
ＥＵ諸国は、１国の経済規模はそれほど大きくないが、ＥＵ加盟国で結びつきを強め、国際競争力を高めている。

図２

【参考文献】
石原達也「エアバス本社工場を訪ねた」(2024年１月16日閲覧）https://c-astec.sakura.ne.jp/merumaga2/AerospaceInfo2011_04003/Airbus_2011_40

（宮本　一輝）

⑱世界の諸地域　北アメリカ州

なぜサンノゼにシリコンバレー？ラストベルトと比較しよう！

Hint!

ネタ→授業化のヒント

カリフォルニア州にある都市サンノゼは，イノベーションが盛んなシリコンバレーの中心都市です。シリコンバレーがサンノゼにできたのは偶然ではありません。地理的な視点から学びます。

授業のねらい

工業の立地には地理的な理由があります。シリコンバレーも同じです。カリフォルニア州のサンノゼという都市にシリコンバレーが成立した理由を地理的な要因から学びます。また，学んだことを活用し，日本のシリコンアイランドも同じ要因なのかどうかを分析します。

ネタ解説&授業化のヒント

地理的条件を考える前に，まず社会的な背景をおさえます。

発問：そもそも，なぜアメリカで先端技術産業が盛んになったの？

①戦後からの日本やドイツの工業生産額のグラフ，②アメリカの鉄鋼業の衰退を示すグラフ，③戦後から今までの石油価格のグラフを提示します。ここから，①日本やドイツが戦後復興を遂げて工業の国際競争力をつけてきたこと，②それに対してアメリカ北部の鉄鋼業など重工業が衰退したこと（かつて工業が盛んだった地域は「ラストベルト」と呼ばれています）③その背景には石油価格の高騰など，エネルギーコスト面での影響があったことを確

認します。そのため，石油に依存する従来の工業ではなく，エネルギー効率の高い産業，つまり先端技術産業への移行が求められたのです。

発問：なぜサンノゼだったのだろう？ラストベルトと比較しよう！

しかし，上の社会的背景は「なぜサンノゼ？」の答えにはなりません。サンノゼにシリコンバレーが成立したのには地理的な条件があります。

①気候

ラストベルト「さびついた工業地帯」と呼ばれるかつて工業が盛んだった地域（シカゴやフィラデルフィア）とカリフォルニア州のサンノゼの雨温図を提示します。カリフォルニア州は地中海性気候であり，比較的温暖な地域です。基本的に温暖地は寒冷地に比べてエネルギー消費量が少ないので効率的に工場を稼働させることができます。

②文化の多様性

カリフォルニア州は，ほかの地域よりもアジア人，黒人，ヒスパニック系の人々が多く，アイディアは生まれやすいでしょう。また人件費が安く，労働組合の組織率も低いといった理由もあります。

このように気候や文化の多様性という地理的条件があったのです。また，次のように切り返しても良い学びになります。

発問：日本のシリコンアイランドにもこの地理的条件は当てはまる？

【参考文献】
・宮路秀作（2023）『現代史は地理から学べ』SB クリエイティブ

（佐伯　侑大）

⑲世界の諸地域　北アメリカ州

アメリカの工業の中心はなぜ移動したのか？

ネタ→授業化のヒント

アメリカの工業の中心は，北部（五大湖周辺）から南部地域へと時代とともに移動しました。エネルギー革命・産業構造の変化・移民の増加など，移動の背景を多面的・多角的に考察します。

授業のねらい

アメリカの工業発展の理由を，地理的状況や歴史的経緯を踏まえて理解する。

ネタ解説＆授業化のヒント

アメリカで最初に工業が発達したのは五大湖周辺の地域です。この理由を，地図帳のアメリカの鉱工業の分布図を見て考えましょう。

「五大湖周辺は，鉄鉱石や石炭がたくさんとれている。」「天然ガスもあるよ。」「工業の発展にかかせない鉄を大量に生産できたのは大きいな。」「鉄鋼・自動車・機械などの生産がさかん。」などの答えが出てきます。ルール工業地帯で学習した，工業発展についての見方・考え方が身についていれば，工業製品の輸送が大切であることに気づきます。「大きな湖は，工業製品の輸送にとても便利。」「五大湖周辺に大都市（デトロイト・シカゴ・ミルウォーキーなど）が発展しているのは，湖を通して鉱産資源や工業製品の輸送ができて，互いの結びつきが強かったからかな。」などの考えを引き出します。

1970年代からは，工業の中心が五大湖周辺から南部に移動していきました。新たな中心は北緯37度以南の「サンベルト」です。

サンベルトが発展した理由を考えましょう。

(1) 主要エネルギーが石炭から（　①　）に移行していったため。
(2) （　②　）やドイツが台頭してきたため。
(3) 広い土地や安い（　③　）を確保するため。
(4) （　④　）との対立が続いたため。

①は「石油」です。地図帳の資料から読み取ることができます。この地域は豊富な石油資源をいかして，製油・化学などの産業がさかんです。

②は「日本」です。高度経済成長期の日本は工業生産を拡大し，アメリカへの輸出も増やしていました。主な輸出品は，自動車でした。アメリカ製に比べ，日本車は価格が安く，故障が少なく，性能も高かったため，五大湖周辺でさかんだった自動車産業を圧迫したのです。

③は「労働力」です。南部地域には広大な綿花地帯があります。ここでは，主にアフリカから強制連行された人々が多く働いていました。その名残もあり，現在も南部地域ではアフリカ系の人々の割合が高いのです。2020年に「ＢＬＭ（Ｂｌａｃｋ　Ｌｉｖｅｓ　Ｍａｔｔｅｒ）運動」が全国的に広がったように，現在もアメリカではアフリカ系の人々に対する差別があり，所得水準も低く抑えられています。また，主にメキシコやカリブ海諸国からのヒスパニック系の移民にも同じような状況があてはまります。

④は「ソ連」です。西海岸地域は，ソ連からミサイルで攻撃される恐れがありました。有事の際でも国内の情報通信ネットワークを維持するための研究が進み，これがインターネットの開発につながりました。このような経緯もあり，南部地域では電子機器や先端技術産業が発展しており，シリコンバレーではＩＴ関連企業が6000社以上集まっています。

（前田　一恭）

⑳世界の諸地域　南アメリカ州

この雨温図はどこのもの？

ネタ→授業化のヒント

雨温図の読み取りは基本の技能の１つです。各単元で何度も確認していきますが，南アメリカ州ではその応用で，思考が必要です。

授業のねらい

雨温図については，気温と降水量をグラフから読み取るだけでなく，その土地の気候を想像できる力をつけることが大切です。雨温図の読み取りは州ごとに繰り返してやっていくと定着していきます。

南アメリカでは次のような応用的なポイントを押さえることができます。

① 南半球と北半球で季節が反対になる。
② 標高の高いところでは気温が低くなる。

ネタ解説＆授業化のヒント

南アメリカ州の基本的な地形について確認した後で，雨温図を３つ提示します。

課題：それぞれの地点に適切な雨温図を選ぼう。

他の州の学習でも雨温図の見方の技能を習得しています。子どもたちは「赤道に近づくほど気温が高い」「赤道付近は降水量が多く，年中気温が高い熱帯気候である」などの知識も利用してこの課題に取り組んでいきます。

多くの教科書で３種類程度の雨温図が取り上げられています。例えば，次のような地点です。

・キト　　　　…赤道直下だが，標高が高い
・マナオス　　…赤道直下の平地
・ブエノスアイレス　…温暖湿潤気候

まず，個人で，その後，グループで考えさせ，答えを１つにするように指示します。『今まで見てきた雨温図と何か違うよね？』と，北半球の雨温図との雰囲気の違いに気づかせるような投げかけをしましょう。

そして，課題に取り組む中で，キトの雨温図がポイントになります。キトは赤道直下ですが，標高2850mに位置するため，冷涼な気候です。今までの知識が揺さぶられるので，子どもたちの話し合いも白熱します。

クラス全体での答え合わせの時間では，地形に注目させます。『キトはどんな地形にあるだろう？』と投げかけ，地図で確認したくなるように促します。アンデス山脈にあることを押さえ，高山気候にあたることを確認します。そして，『ではキトってどんなところだと思う？』と町の様子を想像させましょう。キトはエクアドルの首都であり，世界遺産ともなっている美しい町です。南米のキリスト教布教の拠点ともなっていました。写真で町を見ることで，子どもたちはイメージとのギャップに驚きます。また，教会の写真を見せることで，南米がキリスト教と結びつきが強いことも印象付けることができます。このように既有知識や子どもの素朴なイメージとのギャップを利用すると，子どもたちの思考が促され，議論が活発になります。

（西田　義彦）

㉑世界の諸地域　南アメリカ州

「○○がないアマゾン川」のヒミツを探れ！

ネタ→授業化のヒント

南アメリカ州の自然や伝統的産業と深く関わる問いを中心とした授業です。複数通りの答えが考えられ，協同学習の課題として有効です。

授業のねらい

アマゾン川にはほとんど橋が架かっていないことに注目させ，日本の川とアマゾン川では，その規模や利用の仕方が異なることに気づかせます。「自然と共生してきたアマゾン」を印象づけることで，後の授業で持続可能な開発について考える土台ができることにも，大きな意義があります。

ネタ解説＆授業化のヒント

授業の導入では，南アメリカ州の自然を紹介します。スライドで写真を見せながら，白地図プリントなどに取り組ませると良いでしょう。ひと通り南アメリカ州の自然について確認できた後，アマゾン川に焦点化して学習を深めていきます。

発問： 世界で最も流域面積の広いアマゾン川には，［　？　］がほとんどないそうです。何がないでしょう？

答えは，「橋」です。意外な答えに，子どもたちは驚くことでしょう。子どもたちから，「橋がなかったら通れないよ？」，「どうして橋がないの？」といった声が上がります。そこで，本時の主となる次の発問をします。

発問： アマゾン川には，どうして橋がないのでしょう？

このように問うと，おそらく子どもたちはその柔軟な発想から，「橋を作るお金がないのかな。」，「橋を作る技術を持っていないのでは？」，「逆に，橋が要らないんじゃない？」などと様々な答えを挙げます。授業者は，その声を受け止めながら，『教科書や資料集にもヒントがあるよ。』と一人ひとりの子どもの学びが広がり，つながっていくように声かけをします。

このネタを生かした具体的な展開プランとして，２つほど例を挙げます。

活動①： アマゾン川に橋がない理由を，クラゲチャートでまとめよう。

活動②：「アマゾン川に橋がない理由」ベストアンサーをつくろう。

活動①では，資料や級友の意見を参考にして，一人ひとりに複数の答えを挙げさせることで，多角的な考察力を鍛えることができます。活動②では，班ごとにホワイトボードを渡し，知恵を出し合ってより良い答えを作らせます。「他班よりもすぐれた答えを作り上げよう。」などと言って競争心を刺激すると，目の色を変えて夢中になる子どもが出てくることでしょう。いずれの活動にしても，アマゾン川が水上交通で重要であること，密林が広がる地域では陸路が未開であること，アマゾン川がしばしば氾濫して橋を架けるのが効率的でないことなどに気づかせ，南アメリカ州の人と自然との伝統的な共生について，様々な角度から考えさせることができるものと思います。「自然との共生」と対比させ，次の授業でバイオエタノール使用拡大の是非について討議すると，学びはさらに深まっていくことでしょう。

（宮本　一輝）

㉒世界の諸地域　南アメリカ州

中国の爆買いで生まれたブラジル大豆長者の光と影

ネタ→授業化のヒント

ブラジルは中国向けに大量に大豆を栽培し輸出しています。そのおかげで，ブラジルの大豆農家は裕福になりました。しかし，その大豆栽培のために森林伐採を行い，環境破壊も進んでいます。ブラジルの農業のあり方を考えます。

授業のねらい

ブラジルは政府主導で中国向けの大豆栽培を拡大しています。しかし，熱帯雨林を破壊する環境問題と，先住民との土地問題があり，大豆栽培の拡大は必ずしもプラス面だけではないのです。今，ブラジルで起こっている社会問題を学びます。

ネタ解説＆授業化のヒント

地理の時間は，国あてクイズをします。この授業もクイズから入ります。

発問：大豆生産量が世界４位とたくさん作っているのに，大豆輸入量が世界でダントツ１位の国はどこ？

正解は中国です。世界の大豆輸入の６割を占め，自国生産量の５倍以上も輸入に頼っているのです。中国は経済発展にともなって食生活にも変化がおこり，肉をよく食べるようになりました。その畜産の飼料や中華料理に欠かせない植物性油脂の需要が高まったのです。

『では，この中国に大豆をたくさん輸出している国はどこでしょう？』

正解はブラジルです。中国向けの輸出で大もうけしているブラジルは，政府主導のもと大豆生産を今もなお拡大しています。しかし，問題も発生しています。グーグルアースのタイムラプス機能でブラジルの地表面の経年変化を提示します。

発問：タイムラプスから，ブラジルのどんな変化が読み取れる？

「森林がすごいスピードで減ってる！」「アマゾンの緑が減ってるよ！」

『そうです。あまりにも儲かり過ぎて政府主導で農地を拡大した結果，貴重なアマゾンの森林が破壊されているのです。1分間にサッカーコート1個半とか，1週間に東京都1個分がなくなっているというデータもあるようです。さらに先住民との間で土地問題もあります。先住民の土地を保護する法律はあるものの，すでに侵害されたところもあるみたいです。』

活動：ブラジル大豆問題について，SDGs 新聞の特集記事を書こう！

SDGs の17個の達成目標からいずれか1つ以上を選び，その視点からブラジル大豆問題の特集記事を書きます。SDGs の達成目標は社会を分析する視点になります。「1：貧困」「2：飢餓」「10：不平等」「11：住み続けられるまちづくり」「13：気候変動」「15：陸の豊かさ」「17：パートナーシップ」などから，子どもたちの個性的な切り口で大豆問題を捉えることを期待します。

【参考文献】
・宮路秀作（2023）『現代史は地理から学べ』SB クリエイティブ

（佐伯　侑大）

㉓世界の諸地域　南アメリカ州

ボルソナロ大統領の環境政策に賛成？反対？

ネタ→授業化のヒント

ブラジルの前大統領ボルソナロと現大統領が争った2022年の選挙では環境政策が大きな争点のひとつとなりました。このネタを使用し，アマゾンの森林破壊問題をより深く学びます。

授業のねらい

2022年のブラジル大統領選の環境政策の違いを扱うことで，ブラジルの経済状況や貧困の状況などについても踏まえた上で，アマゾンの森林保全に向けた意見をできるようにします。

ネタ解説＆授業化のヒント

クイズ：アマゾンの熱帯雨林は「地球の○」と呼ばれる。入る漢字は？

答えは「肺」。アマゾンの熱帯雨林が，地球の環境にとって重要であることを確認します。一方で，過去の衛星写真と比較しながら，アマゾンの熱帯雨林の減少が問題になっていることも説明します。

発問：なぜこんなにもアマゾンの熱帯雨林が減少しているのだろうか？

この問いを単元全体で考える課題とします。南アメリカ州の農業，工業の授業の中で，農地拡大や鉱山開発が進んだことによって，経済発展が進んだが，アマゾンの熱帯雨林が減少したことを確認していきます。また経済発展に成功したものの，経済格差は大きく，さらなる経済発展が求められていることも確認します。

活動：経済発展を優先するボルソナロ氏，環境保全を優先するルラ氏，ブラジル国民は，どちらに投票すべきだろう？

2022年に行われたブラジル大統領選では，商業的農業や鉱山開発を拡大することを公約に掲げる現職のボルソナロ氏と熱帯雨林破壊を実質的にゼロを目指す公約に掲げたルラ氏との争いになりました。実際に行われた選挙を使用しながら，「環境保全か経済発展か」どちらを優先していくべきかを討論してもらいます。そして討論後，結果はルラ氏が当選したものの，結果は僅差になったことを伝えます。

課題：今後，ブラジルでは，経済発展と環境保全を両立していくために，誰が，どのようなことをしていけばいいだろうか？

討論することでブラジルの状況やジレンマはよくわかるものの，一方でアマゾンの熱帯林がブラジルだけの問題だと考えてしまう危険性があります。そのため最後は，世界各国がどのような支援ができるのか，という視点をもって取り組める課題を設定しました。

【参考文献】

・REUTERS（2022）「焦点：ボルソナロ氏「健闘」，高まるアマゾン森林破壊の懸念」（2024年１月５日閲覧） https://jp.reuters.com/article/idUSKBN2R20FC/

（玉木　健悟）

㉔世界の諸地域　オセアニア州

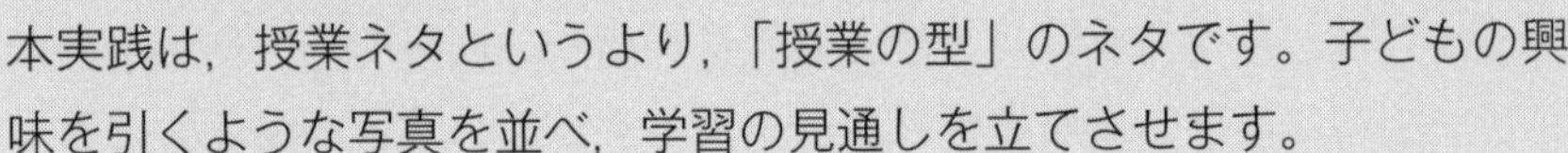

シークレットツアーの行き先を探ろう！

ネタ→授業化のヒント
本実践は，授業ネタというより，「授業の型」のネタです。子どもの興味を引くような写真を並べ，学習の見通しを立てさせます。

授業のねらい

単元「世界の諸地域」では，各州の地域的特色を通して社会的な見方・考え方を育む学習を組み立てます。子どもによって既有知識が異なりますので，単元の導入で今後の学習の見通しをもたせるのがこの授業のねらいです。

ネタ解説＆授業化のヒント

本稿では，「オセアニア州」を例に説明します。（どの州でも実践可）

発問： 先生は，秘密の旅行に行ってきました。今日はみなさんに，そのときに撮った写真をお見せします。先生がどこの国に行ってきたのか，みんなで探してみましょう。

課題提示でわくわくさせることが，子どもたちを深い学びに導く有効な手立てであると考えています。単に「どこの写真でしょう？」と問いかけ，答えを知っている子だけが答えるという展開になってしまうと，教室全員の学びを保障することはできません。ミッションを課すような形で課題を提示し，タブレット端末などを自由に使用させ，答えを探させてみると良いでしょう。「どのように調べたら答えが見つかるか」という必要性等から，子どもたち同士の対話が自然発生的に生まれます。机間指導では，生徒のつぶやきに耳を傾けつつ，こちらが意図した気づきが生まれるように促していきます。

〈単元「オセアニア州」で用意する写真の例〉

　野生のコアラ（オーストラリア），マオリのハカ（ニュージーランド），サーフィンをするサンタクロース（オーストラリア），グレートバリアリーフ（オーストラリア），神社の鳥居（パラオ），フィヨルドランド（ニュージーランド），大規模に収穫されたかぼちゃ（トンガ）　など

　写真を用意するときに肝要なことは，**①これからの学習で重要となる要素を含むもの**（自然，文化，産業など），**②既習知識を生かして気づきを促せるもの**（フィヨルドなど），**③子どもたちが疑問を感じるようなもの**（神社など）をバランスよく混ぜて提示することです。同じ授業を南アメリカ州で実践する場合には，例えばブラジル・サンパウロにある「大阪橋」等の写真を混ぜておくのがよいでしょう。「大阪？南アメリカ州なのに」という疑問から，インターネットで検索し，ブラジルに「大阪橋」なる地名が存在することを見つけ，そこから日系移民に関心をのばす子どもが出てきます。

　学びを深める追発問として，子どもたち自身に写真を見つけさせます。

活動：あなたの『とっておきのオセアニア』を見つけましょう。』

　子どもにとって，自分で見つけた情報には思い入れができ，この後の学習の内発的動機付けとなります。学習対象とする地域への愛着から，「もっと知りたい」という意欲を喚起することができれば，理想的な単元の導入と言えるでしょう。単元の導入で，それぞれの子どもたちがもつ知識がつながり，一人ひとりの社会観を広げていけるような展開ができればよいです。

（宮本　一輝）

㉕世界の諸地域　オセアニア州

まさかのドメイン名「.tv」を販売した国とは!?

ネタ→授業化のヒント
ドメイン名を売却したツバル。ツバルを中心に，オセアニアの気候や歴史，産業について学び，ツバルが抱えている問題や他国ができる支援について考えます

授業のねらい

ドメイン名を売却したという驚きのエピソードで子どもの関心を惹きながら，ツバルとはどのような国なのか，オセアニアはどのような気候なのか等を学びながら，最終的にツバルの社会問題にまで迫ります。

ネタ解説＆授業化のヒント

クイズ：「.jp」これは何をあらわしている？また「.tv」ってどこ？

地図帳を使いながら，各国のドメイン名をクイズ形式で何問か提示します。そして最後に，「.tv」を提示し，ツバルを地図帳から探させます。

活動：ツバルってどんな国だろう？国旗からわかることを考えよう！

ツバルの国旗から，イギリスの植民地であり，その他のオセアニアの国々も同様にイギリス国旗が使われていること，星と水色は，太平洋と島々をあらわしていることなどを確認します。

Q&A クイズ：ツバルはドメイン名を驚きの使い方をした！その使い方とは？

答えはアメリカのベンチャー企業に売った，です。テレビの略称と一緒であることに興味をもったアメリカの企業が約5000万ドルで権利を買い取ったのです。コプラと魚しか資源がないツバルでは，大きな収入となりました。

Q&A クイズ：ツバルはこのお金を何に使ったのか？

ツバルはこのお金を使って国連加盟を果たしました。その他にも，道路やインターネットといった社会的インフラの整備，教育に力を入れました。

国連参加を果たして，約20年後の2021年に開催された国連気候変動枠組み条約締約国会議で，ツバルのスピーチは話題になりました。

Q&A クイズ：ツバルの外相は，いったいどこでスピーチをしたでしょうか？

答えは「海の中」です。海面上昇により，国家が消滅する危機にあることを世界にアピールするために，膝まで海に浸かって演説をしたのです。

活動：ツバルを救うために，各国はどのような支援や対策ができるか？

最終課題として，今後地球温暖化に対してどのような取り組みを進めればいいか考えてもらいます。SDGs と関連させながら，考えてもいいでしょう。

【参考文献】
INTERNET watch（2000）「ツバル国が「.tv」ドメイン売却益で国連加盟を果たす」（2024年1月5日閲覧）https://internet.watch.impress.co.jp/www/article/2000/0906/tuvalu.htm

（玉木　健悟）

㉖世界の諸地域　オセアニア州

オーストラリアの多文化主義に迫る！
―ニューサウスウェールズの取組―

ネタ→授業化のヒント

移民大国と呼ばれるオーストラリアの政策について知ることで，多文化主義や移民についての理解を深めます。

授業のねらい

オーストラリアでも特に移民の多いニューサウスウェールズ州を中心に移民の受け入れに成功している理由について理解し，オセアニアの他の国でも多文化主義が可能なのかを考えます。

ネタ解説＆授業化のヒント

シドニーのチャイナタウン通りの写真を提示します。

発問：オーストラリアのシドニーの写真です。気づいたことを挙げよう。

「漢字の看板がある。」「漢字以外にもいろんな言語の看板があるよ。」

様々な言語の看板があることに気づかせます。そしてオーストラリアには様々な言語を話す人々が住んでいることを理解させます。

活動：周りに様々な言語を話す人がいたらどんな工夫が必要だろう？

「翻訳する機械を学校に設置する。」「他の言語について学ぶ機会をもつ。」

実生活に当てはめて言語の壁を取り除く方法を考えます。また多くの民族がいるということは言語だけでなく，文化も異なることに気づかせます。

活動：ニューサウスウェールズ州の取り組みについて調べよう！

シドニーなどがあるニューサウスウェールズ州では様々な多文化主義政策が行われています。例えば，医療現場では英語を流暢に話せない人がいる場合は医療機関が通訳を介すことが義務付けられています。他にも住民たちが他文化を理解するために多様な文化的なイベントが開催されたり，図書館では様々な言語の書籍が用意されていたり等，様々な取り組みが行われています。このような取り組みについて取り上げ，多文化主義について言葉だけではなく，できるだけ具体的にイメージすることを意識します。

活動：他のオセアニアの国ではどのような移民政策を行なっているのか調べてみよう！

単元の最後に他のオセアニアの国ではどのような移民政策を行なっているのかを調べさせます。他の国の移民政策を見ることで，様々な民族が一緒に暮らすことによる対立や先住民の権利の保護などの課題があることにも気づかせたいです。また，移民政策は日本でも議論されている点なので，地理的分野「日本の諸地域」や公民的分野「私たちの生活と文化」などでも取り上げることができます。

【参考文献】

・自治体国際フォーラム248号（2024年１月６日閲覧）
https://warp.da.ndl.go.jp/info:ndljp/pid/1255188/www.clair.or.jp/j/forum/forum/pdf_248/04_sp.pdf

（西川　貢平）

㉗世界の諸地域　オセアニア州

オセアニア州─「シドシャ」「ツカレナオス」って何のこと？─

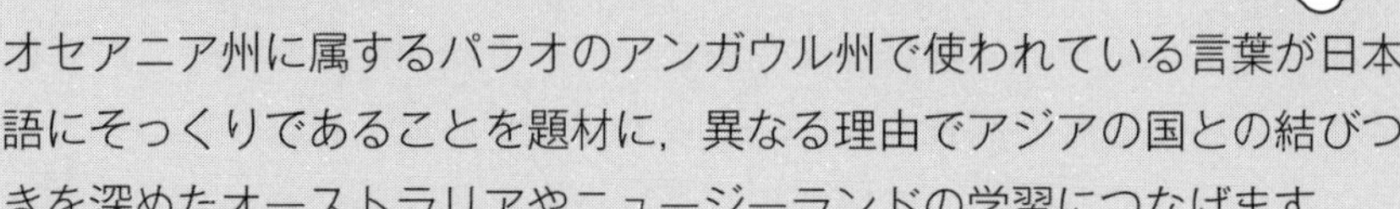

ネタ→授業化のヒント

オセアニア州に属するパラオのアンガウル州で使われている言葉が日本語にそっくりであることを題材に，異なる理由でアジアの国との結びつきを深めたオーストラリアやニュージーランドの学習につなげます。

授業のねらい

オーストラリアやニュージーランドがパラオとは異なる理由で，アジアの国々とのつながりを強めた理由を理解させます。

ネタ解説＆授業化のヒント

まずは，オセアニア州の国であるパラオを紹介します。そのうえで，『この国の言葉はある国に似ています。パラオでは「階段」「自動車」「ビールを飲むこと」を何というか動画で確認してください。』

在パラオ日本国大使館が YouTube で公開している動画を視聴します。

「階段はアガリダン。」「自動車はシドシャだ。」「ビールを飲むことはツカレナオスと言っている。」

『ということはパラオの言葉は…』「日本語にそっくりだ！」

『では，なんでパラオの言葉は日本語に似ているでしょう？』

（両国の国旗を提示）「国旗がそっくりだ！」「日本は昔パラオを統治していたのかな？」『その通りです。ドイツ領だったパラオの委託統治をすることになり，1914年から太平洋戦争が終わるまで統治していました。』

『オセアニア州の他の国はどうかな？地図帳を使って調べてみよう！』

「オーストラリアの国旗にはユニオンジャックが入っているからイギリスとの関係が強そう。」「仏領ニューカレドニアって書いている。」

『オセアニアの国の多くはヨーロッパと深いつながりがあるということですね。』

ここで，オーストラリアの貿易相手国の変化・オーストラリアを訪れる観光客の変化を表したグラフを提示します。『近年はどうかな？』

「最近はアジア州の国と貿易している。」「アジア州の国からの観光客が増えている。」

発問：なぜオセアニアの国はアジア州の国との結びつきが強くなったのだろう？

教科書から，物理的な距離が近いことや，季節が逆で人口が多いアジア州の北半球の国々との貿易ができること，鉱産資源の開発等でアジアの技術面の協力が得られることなどから結びつきを強めていることを理解できます。

パラオを引き合いに出すことで，他地域との結びつきは，歴史上の植民地支配・被支配の関係だけではなく，経済を中心とする社会を成立させていくための選択肢として形成されることを学習することができます。

【参考文献】

・テンミニッツ TV「「日本語が公用語」の国は存在するのか」（2024年１月21日閲覧）
https://10mtv.jp/pc/column/article.php?column_article_id=3755
・今村圭介（2017）「パラオ語における日本語借用語の変化」東京医科歯科大学教養部研究紀要，第47号

（阿部　孝哉）

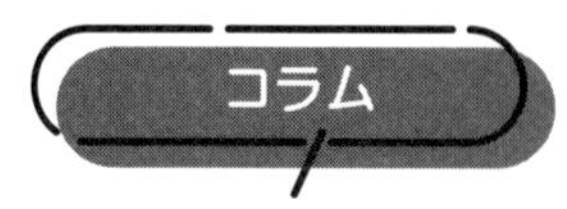

②「わかるネタ」のポイント

「わかるネタ」は，教科書の内容を理解することを目的とした授業ネタです。「わかるネタ」のポイントは，次の２つです。

１．具体化

具体的なモノや事例を用いることで，楽しく学習でき，内容の理解も進みます。例えば，アフリカ州の単元では，チョコレートやコーヒーを切り口に学習を進めます。カカオ豆の生産量をもとに，世界の気候を確認できます。また，生産方法から，プランテーションやモノカルチャー経済，労働環境の問題を学習できます。そして，価格の内訳から，世界経済の負の側面に迫ることができます。

２．身近化

身近なモノを用いることで，学習意欲を高め，内容も理解できます。地理では，子どもの興味のある題材が有効です。例えば，アニメや映画の活用です。「アナと雪の女王」を視聴し，「どこの国のお話？」と問うと，風景や衣装，建物などから，国を予想します。世界の気候を，楽しく学習できます。また，「知りたい！」と子どもたちが自ら地図帳を開き，調べていくので，地図帳の活用スキルも高まります。

【参考文献】
梶谷真弘（2024）『オーセンティックな学びを取り入れた中学校地理授業＆ワークシート』明治図書

（梶谷　真弘）

見方・考え方を鍛える！学びを深める「日本の様々な地域」授業ネタ

①身近な地域の調査

引っ越し PR 大作戦！

ネタ→授業化のヒント

引っ越しという切り口を用いて，「土地」「建物」「人口」「交通」といった複数の視点に着目させることで，様々な地域調査の手法を活用することができます。

授業のねらい

どの地域を PR するかが大切なのではなく，その地域を選んだ根拠を，資料を元に説明できることが大切です。

ネタ解説＆授業化のヒント

活動： 私たちの市に引っ越しをしたい人がいます。おすすめの地域を PR してください。

【小学生と保育園児の子どもを持つ４人家族】

共働きのため，近くに小学校と保育園が必要。子育てのしやすいところがいい。父親は通勤で大阪市内まで電車を使うので鉄道が近くにある方がいい。災害も心配なので，リスクの少なそうな地域がいい。

上記の条件にあった地域をグループで考えます。まず，地域を見る視点を整理します。このとき，「土地」「建物」「人口」「交通」の４つの視点に分類すると整理がしやすくなります。今回の条件をまとめてみます。

「土地」：河川や海，山から離れた地盤の強い地域，坂道の少ない地域

「建物」：近くに小学校や保育園，公園があり，買い物もしやすい地域

「人口」：子育て世代が多い地域

「交通」：大都市へのアクセスもいい鉄道が近くにある地域

今回の条件の中にある「子育てをしやすい」という言葉にはいろいろな意味が含まれます。近くに買い物ができるところや公園などの広場がある場所を考える生徒もいるでしょう。また，ベビーカーを押しやすいように坂道の少ない場所を考える生徒もいるでしょう。ここでは，様々な意見を出し合うことで，より深く地域を見ることができます。次は，実際に地域調査を行います。ここで大切なことは，地域調査の手法を調べたいことに対して適切に選択できるかです。

①地形図，等高線の読み取り

②デジタル地図の読み取り

③野外観察・聞き取り調査

④統計やハザードマップなどの資料を使った調査

地域調査の手法には，この４点を活用するとよいでしょう。今回の条件では，小学校や保育園の場所，鉄道が近くにあるかは①②を活用すれば分かります。災害を心配するなら，①の等高線や④のハザードマップを活用すれば分かります。また，③を効果的に活用することで，資料だけでは分からないことも調べることができます。調査結果から，条件に合った地域を決め，その地域をPRし合います。このとき，根拠となる資料を提示することが大切です。議論を通して，それぞれの地域の良さや特徴，そして課題も見えてくるので，未来のまちづくりの視点をもつことにも繋がります。

（福井　幸代）

②身近な地域の調査，日本の地域的特色

災害対策について町に意見文を送ろう！

ネタ→授業化のヒント
身近な地域の調査と日本の地域的特色（防災教育）をひとつの単元とすることで，自分の住んでいる地域の防災について考えます。

授業のねらい

日本で災害が多い理由や発生しやすい災害を考えることで，自分がどのような災害にあうリスクがあるのか，自分には何ができるのか，また自分が住んでいる町の災害対策はどうなっているか考えます。最終的に実際に町に意見文を提出し，社会参加を促します。尚，本実践は，７時間構成で行いました。

ネタ解説＆授業化のヒント

【１時間目】導入は，日本とフランスの高速道路の橋脚の比較をクイズ形式で提示し，これは地震の備えであること，日本では，年平均千～二千回の地震が起こることを説明します。その後，日本でおこる自然災害は，それだけか問いながら，豪雨に関しても説明し，日本は世界面積61位にも関わらず，自然災害被害額（2002～2017年）では３位であることを説明し，単元全体で考える以下の課題を提示します。

課題： なぜ日本はこんなにも自然災害が多いのか。また我々は自然災害に対して，どのように付き合っていけばいいのか。

【2時間目】「川の流れのように」のおかしな点を資料を使って指摘せよ，という課題を導入に，日本の短くて急な河川が作る地形を扱い，これにより起こりやすくなる災害を考え，まとめます。

【3時間目】ＰＯＬＡの美肌県グランプリで日本海側が上位にくること，群馬が最下位であることを，日本の気候との関係から分析させます。その後，日本の気候から起こりやすい災害を考え，まとめます。

【4時間目】災害対策に成功した事例として，釜石市の中学生の事例を扱います。当時の流れを場面ごとに提示し，子どもたちに追体験させます。そしてなぜ災害時に正しい行動がとれたのかを子供たちに問いながら，事前の公的機関からの教育，地域の避難訓練があったことなどを，自助・共助・公助の視点から説明します。その後，パソコンを使用しながら，自助・共助・公助の例を複数挙げさせて，災害に対してどう備えるかまとめます。

【5時間目】グループで自分の実体験，町のホームページやハザードマップ等を見ながら，町の災害対策の課題を挙げていきます。

課題：【第６～７時】わが町の災害対策について意見文を作成し，町に提出しよう！みんなの意見の中から，最も提出すべき意見文はどれか，提出すべき意見文を選び，それを選んだ理由を書こう！

実際に町の総務課にクラスごとに選ばれた意見文を送付しました。教室内で学びを終わらせるのではなく，実際に学校外に向けて発信することで，子どもたちもより意欲的に学習に取り組めるでしょう。

【参考文献】

ＩＦＲＣ（2018）「World Disasters Report 2018」（2024年１月４日閲覧）
https://www.ifrc.org/document/world-disasters-report-2018

（玉木　健悟）

③日本の地域的特色

地域のハザードマップを用いた災害時シミュレーション学習

ネタ→授業化のヒント

地域のハザードマップを用いた，災害時のシミュレーション学習を行うことで，防災への意識や災害への備えの重要さを学びます。

授業のねらい

日本には，地震をはじめ，様々な自然災害のリスクがあります。各地域の想定される災害リスクへのシミュレーションを通して，災害への備えの重要さを認識させる学習です。

ネタ解説＆授業化のヒント

日本の自然災害を学習し，次の流れで進めます。

発問：地域の災害リスクを調べよう！

各地域によって，災害の種類やリスクは様々です。まずは，自分たちの身の回りで起きる可能性のある災害とその状況を確認します。

活動：地域のハザードマップを用いてシミュレーションしよう！

校区など，地域のハザードマップを用います。地域の災害リスクによって，想定する災害を選びます。今回は，「集中豪雨による洪水」を例にします。

〈状況設定（例）〉

ある日，集中豪雨によって，近くの○○川が氾濫し，洪水が起こりました。そのとき，お父さんは市役所（車通勤），お母さんはスーパー○○（自転車通勤）でそれぞれ仕事をし，長女は○○高校（電車通学），長男は○○中学校（徒歩通学），次男（２歳）は家の近くのおばあちゃん（移動が困難）の家にいました。

〈活動の流れ〉

①ハザードマップ，追加情報カード，ワークシートを配布します。
②グループで，役割を決めます。
③相談なしで，個人でどう行動するかを決めます。
④グループでそれぞれの動きを共有し，安全に家族が集合できたかを確認します。
⑤裏返してある追加情報カードから１枚引き，どう行動するかを決めます。
⑥活動を振り返り，事前にどのような準備が必要かを考えます。

〈追加情報カード（例）〉

・○○通りが通行止めで通れない。
・避難場所の○○小学校がトラブルで避難できない。
・山側の○○地区で土砂災害発生。周辺の立ち入り禁止。

地域の災害リスクに合わせた状況設定をし，事前に家族で避難場所やどのように避難するかを決めておくことの重要性を捉えさせます。また，この後に地域の発信している災害情報を，小学生にわかりやすく伝えるという学習を取り入れることで，災害情報を活用・発信する取り組みになります。

（梶谷　真弘）

④日本の地域的特色

三重県は何地方？福島県の県境はなぜ細長い？—様々な視点から見る—

Hint!

ネタ→授業化のヒント

特徴ある都道府県を例に，地域区分や県境は文化・歴史・地理などの様々な視点で決まることに気づき，多面的に物事を見る大切さを学びます。

授業のねらい

この授業は世界地理・日本地理に詳しく入る前に小学校で学んできたことを復習する内容です。ここで大切なことは，復習だけで終わるのではなく，視点を変えることで，様々なことを読み取れることに気づき，世界地理での国境の決め方や日本地理での地方ごとの特色に視点を生かせる導入にすることです。

ネタ解説＆授業化のヒント

都道府県の名称と位置を確認します。日本の七地方区分を確認した後，『三重県は何地方か。』と発問します。「近畿地方だよ。」「だって教科書や地図帳に書いてある。」と子どもたちは答えるでしょう。そこでゆさぶりをかけます。『高校野球の近畿大会には三重県は出場しない。中部大会で出場しているのはなぜ？』

発問：三重県は近畿地方なのか，中部地方なのか。根拠を説明せよ。

タブレットなどを活用し，子どもたちは調べた結果を発表します。三重県が近畿地方として教科書内で公式に取り扱われたのは1903年の頃，歴史的な背景に基づいているようです。「近畿」は「畿内とその周辺」という意味から，三重県も含まれました。しかし，文化や生活圏として愛知県や静岡県との結びつきも強く，国が管轄する機関では三重県を中部地方と捉えることがあるようです。実際，三重県の公式サイトを見てみると，「三重県は中部地方にも近畿地方にも属している」とあります。ちなみに，三重県の知事は近畿・中部両方の知事会に出席しています。文化・歴史・地理など視点を変えれば三重県を近畿・中部いずれの地方と捉えるか変わることから，多面的に物事を見る大切さが身につきます。この後学習する日本地理でも，文化・歴史・地理など様々な視点で見るきっかけとして使えます。

では，県境はどのようにして決まっているのでしょうか。山地や川などの地理的な視点で決まっていることが多いですが，文化や歴史的な視点で決まっているものもあります。そこで，福島県の県境について見てみます。福島県の地図をグーグルアースで少しずつ拡大して見てみると，実は山形県と新潟県の間に細く伸びていることが分かります。

発問：なぜこのような県境になっているのでしょう。
地図から読み解きましょう。

地図を拡大して見てみると，細長い土地の中に飯豊山神社があります。その神社に向かって伸びる福島県からの道が参拝道だったのです。この飯豊山自体で県境を決める案ももちろん出たそうですが，信仰登山をしていた歴史的背景から，このような細長い不思議な形をした県境が出来上がったのです。このように，県境の決め方にも様々な視点が見られることが分かります。この都道府県の導入から，文化・歴史・地理など様々な視点で物事を見る必要性を感じられます。

（福井　幸代）

⑤日本の地域的特色

日本の地域区分―全国発電所設置計画―

ネタ→授業化のヒント

「日本の地域区分」の学習で構築した日本に関する知識を用いて，提案型の学習を取り入れることで，学習内容を実社会に活用できる体験が可能です。

授業のねらい

日本の地形・気候・自然災害・人口・産業・資源・エネルギー・交通・通信の特色を参考に，「日本で１基発電所を追加で設置するなら，どこにどの発電所を設置するか」提案書を作成する活動を通して，複数の視点で物事を捉え，提案する力を身につけさせます。

ネタ解説＆授業化のヒント

上記の活動は，単元「日本の地域区分」の単元末課題として実施します。生徒の単元末課題の作成が取り組みやすくなるよう，各授業の以下の項目を扱う際に，右記の表のような発問・課題を投げかけ，意識的に授業に取り組むことができるようにし，単元末課題に取り組む足場掛けとします。

人口が集中している・工場が多く密集している・交通網が発展している地域の周辺に発電所を設置することで，資源の輸送や送電にかかるコストを減らすことができる反面，用地不足や，都市部と農村部との生活格差の拡大，事故があった際のリスクが大きくなる欠点もあります。また，発電方法により，メリット・デメリットが異なり，どの地域でどの発電所を稼働させるかによってはほぼ意味がないものになっています。これらのことを考慮して，地図帳や地理院地図を活用し，どこに，どの発電所を設置するかを決定し，プレゼンテーションソフトを用いて資料を作成し提案する活動につなげます。この活動は，個人でも班単位でも，学級の状況に合わせて可能です。場合によっては，外部から電力関係の職に従事しておられる方を招き，生徒のプレゼンテーションに意見をしていただくなどする場を設けることで，学校と学校外の社会を結び付けることも可能です。

資源・エネルギー	各発電方法のメリット・デメリットを説明しよう！
地形	山地が多く流れが急な日本に適している（適していない）発電方法は？
気候	６つの気候区の中から一つ選び，どの発電方法が適しているか（適していないか）説明しよう！
自然災害	自然災害が多い日本に適している（適していない）発電方法は？
人口	発電所は人口が多い地域・少ない地域どちらに設置すればいいか説明しよう！
産業	発電所は産業が比較的発展している地域・していない地域どちらに設置すればいいか説明しよう！
交通・通信	発電所は交通網が比較的発展している地域・していない地域どちらに設置すればいいか説明しよう！

【参考文献】

・阿部孝哉ほか（2021）『中学校社会科地理的分野「日本の地域的特色と地域区分」におけるESD・SDGsの視点をとりいれた単元設定―日本全国発電所計画を通して―』 令和３年度奈良教育大学次世代教員養成センター紀要　研究報告

（阿部　孝哉）

⑥日本の諸地域　九州地方

修学旅行プランを企画しよう！

ネタ→授業化のヒント
単元全体の課題に，学習したことを応用して提案する課題を設定することで，単元の学習が貫かれ，楽しく深まりのある学習になります。

授業のねらい

中学校の修学旅行として，多くの学校が九州方面に行きます。そこで，単元の学習のまとめとして，修学旅行プランを企画する課題を設定します。学習した内容を応用して企画し，外部の方に提案する課題となります。

ネタ解説＆授業化のヒント

九州地方の単元全体の課題（単元末課題）として，次の課題を出します。

課題： 修学旅行プランを企画しよう！

本単元全体の課題を，単元の最初に子どもに提示します。そして，単元の最後に，本課題に取り組みます。

修学旅行プランを考える上で，次の条件を付けます。

・九州方面で，2泊3日のプランを提案すること
・A：自然，B：歴史（平和学習を含む），C：産業をすべて取り入れること

子どもたちが自由に企画すると，楽しい活動が増えがちです。条件を決め

ておくことで，本単元で学習した内容を踏まえて企画するようになります。

また，平和学習については，歴史的分野との関係で，この時点では不十分であることが多いです。平和学習については，行程の時間だけ確保しておき，学習した後に決めるようにします。

本課題は，次のように進めます。

①九州地方の中から，県を決める（複数可）。

②活動内容を決める。

③食事を決める。

④プレゼン資料を作成する。

（プランタイトル，プランのウリ，活動行程，各活動の具体，など）

⑤旅行会社にプレゼンを行う。

⑥グランプリを決める。

実際には，九州地方を学習する時期には，自分たちの修学旅行はほぼ決まっています。そのため，「後輩たちの修学旅行プラン」とするのが良いでしょう。後輩たちへのプランとすることで，自分たちのプランを考えるときよりも，少し大人目線で考えるようになります。

本課題に取り組むことを通して，次のような効果が期待できます。

・単元全体を通して，最後の課題に向かって学習を進められる。

・九州地方の内容を，多面的にまとめることができる。

・理解にとどまらず，学習したことを他の活動に活用することができる。

（梶谷　真弘）

⑦日本の諸地域　中国・四国地方

交通網発展の光と影
―中国自動車道と本州四国連絡橋―

ネタ→授業化のヒント

中国自動車道や本州四国連絡橋の建設による変化を探りながら，交通網の発達による周辺の影響について考えます。

授業のねらい

中国自動車道と山陽自動車道を比較すると，中国自動車道が先に建設されたことがわかります。人口の少ない地域である中国山地沿いに先に高速道路が建設されたことで，工業団地が作られ工業がさかんになったり，住宅地が作られ人口が増えたりすることがありました。一方，本州四国連絡橋が建設されたことで人口が流出したり，商業が衰えたりすることもあります。交通網の発達による光と影の影響について考えさせます。

ネタ解説＆授業化のヒント

中国自動車道と山陽自動車道の写真を提示します。

活動：地図帳で二つの高速道路の位置を確認しよう。

中国自動車道は中国山地沿いを通っており，山陽自動車道は瀬戸内海の沿岸部を走っていることを確認します。また人口分布に注目させ，瀬戸内海沿岸部の方が中国山地沿いに比べて人口が集中していることを確認します。

課題： あなたならば，中国自動車道と山陽自動車道のどちらを先に開通させますか？

〈山陽自動車道を先に開通する意見〉

→「人口が多い場所に高速道路を作ることで利用する人が多いと思う。」
「瀬戸内工業地域で生産されたものを各地に輸送できる。」

〈中国自動車道を先に開通させる意見〉

→「道路を作ることで人の往来が活発になって，人口が少ない地域が発展すると思う。」

意見を交流させた後，中国自動車道が先に開通されたことを確認します。中国自動車道沿いの岡山県津山市に注目し，道路沿いに工業団地や住宅地がつくられ工業が盛んになったり，人口が増えたりした事に気づかせます。

発問： 交通網が発展することは良い影響ばかりなのだろうか？

次に本州四国連絡橋が開通したことによる影響について教科書や資料集の資料をもとに考えます。すると，人や物資の移動が短時間になったことによる良い影響だけでなく，人口の流出の加速や過疎地域では地元の商業が衰えるなどの課題もあることがわかります。また，瀬戸内海特有の課題としてはフェリー便の減少によって離島で暮らす人々の生活が不便になるなどの課題も挙げられます。こうして，交通網の発達による光と影の影響に気づかせたいです。

【参考文献】
・石原洋一（2022）『都道府県別日本の地理データマップ第４版　６中国・四国地方』小峰書店

（西川　貢平）

⑧日本の諸地域　中国・四国地方

過疎地域まちおこしプランを提案しよう！

ネタ→授業化のヒント

単元全体の課題に，学習したこと応用して提案する課題を設定することで，単元の学習が貫かれ，楽しく深まりのある学習になります。

授業のねらい

中国・四国地方のテーマを，人口（特に過疎）として設定し，人口と自然環境，交通，産業との関係を学習していきます。単元の最後に，本課題に取り組むことで，理解にとどまらず，学習したことを応用し，実際の社会問題の解決策を考える学習に深めることができます。

ネタ解説＆授業化のヒント

中国・四国地方の単元全体の課題（単元末課題）として，次の課題を出します。

課題：過疎地域まちおこしプランを提案しよう！

本単元全体の課題を，単元の最初に子どもに提示します。そして，単元の最後に，本課題に取り組みます。

本単元は，次のように進めます。第1時は，中国・四国地方の自然環境を学習します。第2時は，人口を交通網との関係から学習します。第3時は，人口を産業との関係から学習します。そして，第4時で単元全体の課題に取り組み，プランを作成します。第5時で，それぞれのプランを発表し，その中からグランプリを決めます。

本課題は，次のように進めます。

①グループごとに，中国・四国地方の県を分担する（重複なし）。

②グループで，担当する県にある過疎地域を１つ選ぶ。

③選んだ過疎地域の現状を調べる。

（場所，人口・人口構成，産業，交通，土地利用，まちの様子，など）

④まちおこしプランの方針を決める。

（人口増加による収益 UP，観光客増加による収益 UP，産業収入増加による収益 UP，など）

⑤まちおこしプランのプレゼン資料を作成する。

（タイトル，現状，プランの具体，見込める効果，など）

⑥プレゼンを行い，グランプリを決める。

⑦グランプリのプランを該当するまちに提案する。

本単元で６時間確保できるなら，プレゼンの準備の時間を増やしたいところです。５時間構成であれば，第１時の時点で分担を決定し，各時間の最後に課題に取り組む時間を確保します。

本課題に取り組むことを通して，次のような効果が期待できます。

・単元全体を通して，人口，特に過疎をテーマに学習を進められる。
・人口の変化の要因を，多面的に学習できる。
・過疎による課題を学習できる。
・理解にとどまらず，実際の社会問題の解決策を考えることができる。

（梶谷　真弘）

⑨日本の諸地域　近畿地方

巨椋池から遷都について考える

ネタ→授業化のヒント

京都と奈良に都がおかれた理由について，昭和の前半まで存在した「巨椋池」と淀川水系という地理的要素から考えていきます。

授業のねらい

昭和の前半まで存在した「巨椋池」が物資の輸送や人々の移動にどのように影響を与えたのかについて考えることで，それまで学んできた歴史の学習について地理的要素を踏まえた上で子どもたちに再解釈させます。

ネタ解説＆授業化のヒント

かつて京都の南部には「巨椋池」という巨大な湖沼が存在しました。Google Earth を用いて「巨椋池」の位置を確認し，何か気づくことはありますか？

「ちょうど現在は高速道路の久御山ジャンクションがある。」「近くに桂川，宇治川，木津川があります。」「この３つの河川と接続していたのが巨椋池。」「あらゆる物資や人の流れはここに行き着くのでは。」

さらに北上すると琵琶湖と日本海があり，かつて渡来人は対馬海流に乗って福井県の敦賀港へ行き着き，そこから琵琶湖，瀬田川，宇治川と通って巨椋池に行き着いたと考えられます。現在は自動車や鉄道によって物資や人々が移動するイメージが強いですが，そういった技術がなかった時代には船を利用して河川による輸送が主流だったのですね。巨椋池まで渡来人が行き着いたとして，次に都を形成するとしたらどこが望ましいでしょうか。

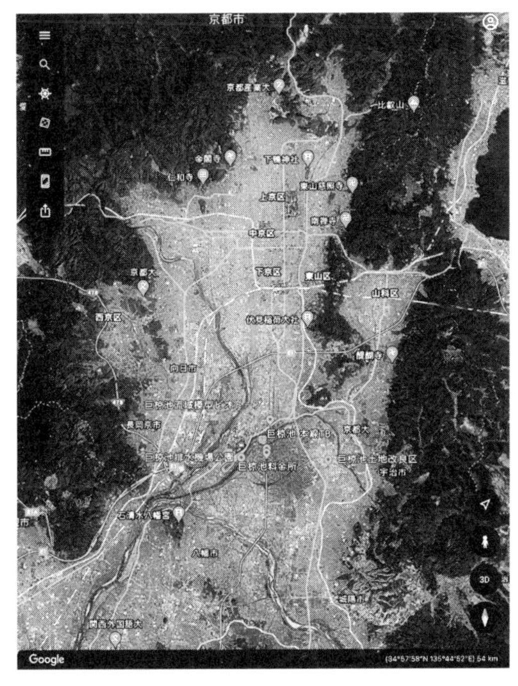

「南に行けば奈良盆地があります。」「北に行けば京都盆地があります。」「だから奈良や京都に都がおかれたのでは？」

都は「安全」「水」「食糧」「交通軸」「エネルギー（資源）」のあるところに形成されます。奈良盆地や京都盆地は森林に囲まれており，木材という「エネルギー（資源）」を容易に確保できました。奈良で疫病の流行によって「安全」の要素が危うくなり，同じく巨椋池の「交通軸」であった京都盆地へ遷都したと考えられます。

「仏教勢力や豪族が政治へ関わりすぎていたから遷都したと思っていたけれど，地理的に見ると京都へ遷都した理由がよくわかります。」「鎌倉幕府が関東におかれたのも，もしかしたら地理的な要素があるかも。」

「巨椋池」を根拠とする歴史の解釈はあくまで一つの仮説にすぎません。しかし歴史の出来事を地理的に（多面的に）考えることで，子どもたち自身が様々な解釈をすることができ，より深く学ぶことができます。

【参考文献】

・竹村公太郎（2013）『日本史の謎は「地形」で解ける』PHP 研究所

（行壽　浩司）

⑩日本の諸地域　近畿地方

私鉄王国・関西！鉄道路線から見る都市圏の形成

ネタ→授業化のヒント

関西の私鉄沿線に何があるのか地図帳を使って読み取ることで，どのようにして関西大都市圏が形成されたのかを学習します。

授業のねらい

関西大都市圏の形成には私鉄会社の経営戦略が関係しています。都心にはターミナル駅と百貨店をつくり，郊外には娯楽施設やニュータウンをつくったことで都市圏が私鉄沿線に広がっていることを理解させます。

ネタ解説＆授業化のヒント

「甲子園」「宝塚大劇場」「ひらかたパーク」の写真を提示します。

活動： 3つの娯楽施設を地図帳で探してみよう。

「甲子園は行ったことあるからどこにあるか知ってるぞ。」「宝塚大劇場は宝塚市にありそうだな。」

発問： これらの娯楽施設がある場所の共通点を考えてみよう。

「都市の中心からは離れた場所にある。」「全て近くに鉄道が通っている。」先ほどの3つの娯楽施設が私鉄沿線でかつ郊外にあることに気づかせます。

発問：関西の私鉄沿線には他にどのような街並が広がっているのだろう。

娯楽施設以外に私鉄沿線にはニュータウンが広がっていることがわかります。また梅田駅など都心には百貨店があり，ターミナル駅として発達していることがわかります。

これらのまちづくりには阪急電鉄の創業者である小林一三の知恵が詰まっています。彼は阪急電鉄沿線上に当時，地価の安かった土地を買収し住宅地を建設しました。また終着駅には宝塚大劇場をつくり，人々の鉄道による往来を活発にさせました。阪急電鉄以外の関西の私鉄会社も同じような手法で住宅地や娯楽施設を沿線に建設しました。こうして関西大都市圏が形成されたのです。教科書に書いている内容でも地図帳を活用することで，より実感を伴って理解することができます。

活動：身近にある鉄道の沿線について調べてみよう。

最後に自分たちの身近にある鉄道について調べ，どのような意図で鉄道や周辺施設が作られたのかについて探究します。鉄道の建設と都市の形成が深く関係していることを理解させます。また身近に鉄道がない地域の場合は，交通網の発展とまちづくりの関係性に着目させても良いでしょう。

【参考文献】

・老川慶喜（2016）『日本鉄道史　大正・昭和戦前篇』中央公論新社
・黒田一樹（2016）『すごいぞ！私鉄王国・関西』140B

（西川　貢平）

⑪日本の諸地域　近畿地方

奈良県にリニア新駅は，本当に必要なの？

ネタ→授業化のヒント
2037年に全線開通予定のリニア中央新幹線が奈良県に必要か否か，これまで学習した視点や本単元の景観の視点から，討論を行います。

授業のねらい

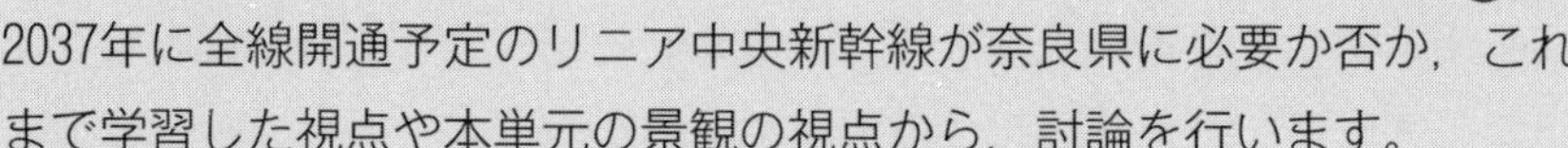

実際に奈良県知事選の争点の1つになった問題を扱うことで，生徒の積極的な授業参加や見方・考え方の使用を促します。またこの単元で学習する歴史的景観や前単元で学習した交通の視点を活用して考えることができます。

ネタ解説＆授業化のヒント

Q&A **クイズ：**奈良市ゆるキャラ「○○まね」首を長くして何を招いている？

答えは「りに」まね。リニア新駅誘致を推進するために作られたキャラクターです。その他にも非公認ではあるが，リニアの妖精「リニーくん」がいることも導入で紹介します。その他にもクイズ形式で，リニア中央新幹線ができることにより，約1時間で奈良から東京に行けることを紹介します。

活動：奈良県にリニア新駅ができるメリット，デメリットを考えよう！

奈良県に非常に利益があるリニアですが，2023年に行われた奈良県知事選には，リニア新駅事業を中止する公約を掲げた候補者もいました。このことを紹介しながら，インターネットやこれまでの学習内容を生かしながら，奈良にリニア新駅ができるメリット・デメリットをグループごとに考えて，発表をしてもらいます。

予想されるメリットとしては，観光客の増加とそれに伴う産業（経済）の活性化，奈良県民の交通の利便性向上，デメリットとしては，橋脚を建てることによる歴史的景観や地下に埋まる歴史資源の喪失，ストロー効果による衰退，土地確保等や誘致による費用がかかる，などが考えられます。

課題：あなたが有権者なら，リニア新駅誘致に積極的な人，消極的な人どちらに投票するだろうか？120字以上で理由とともに書こう！

リニア新駅に関しては，奈良市以外にも，大和郡山市，生駒市も誘致活動をしており，これを紹介しながら『必要だとしたらどこに置くのが最もふさわしいか』を追加で問えば，さらに具体的な議論ができます。加えて近畿地方の学習のため，近畿全体にとっての効果，という視点で考えると，より多角的な意見文になります。また京都市も誘致活動を続けており，不必要の場合でも，京都市に設置するメリットを考えさせてもいいでしょう。

また奈良県内の学校であれば，奈良県知事への意見文として，実際に奈良県知事に送ったり，県外の学校だったとしても，JR 東海に対しての意見文の形にすれば，より現実社会に近い学びとなり，子どもたちの本気の学びを促すでしょう。

【参考文献】
奈良県リニア推進・地域交通対策課「リニア中央新幹線」（2024年１月４日閲覧）
https://www.pref.nara.jp/25724.htm

（玉木　健悟）

⑫日本の諸地域　中部地方

そば・あげ・いも―地域の名産と気候―

ネタ→授業化のヒント
そば文化，あげ文化，いも文化の地域から，食料と気候との関わりを考えさせます。

授業のねらい

福井県には大根おろしと共に食べる冷たいそば「越前そば」が存在します。なぜ福井県でそばが有名なのか，同じようにそばが有名な地域とどのような共通性があるのか，子どもたちに考えさせます。また同様に有名な自然薯（じねんじょ）や，油揚げについても気候や文化と関連付けて考えます。

ネタ解説＆授業化のヒント

2023年２月にインターネットメディア「ねとらぼ」が行った『「そば」がおいしいと思う都道府県』の調査で福井県が３年連続で１位となりました。
そばが有名な都道府県ランキングを見て，気づくことはありませんか。

「関東地方が多くランクインしている。」「長野県の信州そばや島根県の出雲そばはとても有名です。」「新潟県もランクインしている。寒い地域であり，雪が多いことと関係がある？」

昼夜の気温差が大きく，清らかな水が手に入る等，豊かな自然にも恵まれている福井県は良質なそばが育つ条件がそろっています。また県全体で在来種の栽培に取り組み，その味についても日本蕎麦保存会が実施している「おいしいそば産地大賞」を受賞しています。そばは古くから救荒作物として栽培され，寒冷な気候や痩（や）せた土地に強いので，東日本にそばを嗜好（しこう）する地域が多い傾向があるそうです。逆にうどん（小麦）は温暖な気候で育つので，西日本にうどんを嗜好する地域が多い傾向があるそうです。

福井県の名田庄地区では自然薯（じねんじょ）といういもが有名です。また，2022年の１世帯当たりの「油揚げ・がんもどき」の購入額で，福井県福井市が60年連続日本一となりました。いもやあげの文化と福井県はどのような関連性があるのでしょうか。

子どもたちは身近な事例から，主体的に調べていきます。日照時間の少なさ，土の温度，湿気の少なさ，腐葉土等の調べ，生育地と地理的条件について学びを深めていきます。油揚げ文化は浄土真宗や曹洞宗の精進料理との関連性がうかがえます。また揚げ物文化は食材の保存，共働き率との関連性もうかがえます。何気ない食文化ですが，なぜその地域で根付いているのか，気候や文化といったこととの関連性を見いだすことで，より深く学ぶことができます。

【参考文献】
・ねとらぼ調査隊『「そば」がおいしいと思う都道府県ランキング TOP10！　第１位は「福井県」！【2023年最新投票結果】』（2024年１月７日閲覧）https://nlab.itmedia.co.jp/research/articles/1300281/
・政田自然農園『自然薯とは』（2024年１月７日閲覧）https://jinenjyo.net/susume/

（行壽　浩司）

⑬日本の諸地域　中部地方

経済発展する平野の条件は？

Hint!

ネタ→授業化のヒント

日本には複数の平野がありますが，著しく経済発展している平野とそうではない平野があります。ちがいについて考えさせることで，子どもの興味を引き出すことができます。

授業のねらい

　中部地方には日本海側の越後平野と太平洋側の濃尾平野があります。かたや日本一の中京工業地帯の中心地ですが，新潟はそれほど規模が大きくありません。面積は遜色のない２つの平野。日本で経済発展する平野にはどんな条件があるのでしょうか。中部地方から考えた自分なりの「説」が全国に適応できるかを検証することで，日本の経済が見えてきます。

ネタ解説＆授業化のヒント

　中部地方各地域の産業の特色について学んだ後に，次のように問います。

発問：中部地方で経済発展しているのはどんなところですか？

　「どんな」というのは広い問いですが，２年生の中盤の単元となることの多い中部地方では，子どもたちは学んできた視点が活用できるはずです。１年生時から「どんなところ？」への回答方法を指導しておくことで授業の展開はどんどんスムーズになります。中学生に指導したいのは，次のようなポイントでしょう。

（自然的な条件）**・位置　・地形　・気候**　・資源　・土壌　・植生
（人文・社会的な条件）**・人口　・土地利用　・交通　・産業**　・文化

地理学の基本を中学生用にアレンジしています。特に強調した点は「どんな？」に対して，常に考えるべきポイントです。1年生の最初のころは，丁寧に表にまとめ，この視点を獲得させることで，2年生時には自然とこの視点で見るようになります。

最も経済発展している中京工業地帯は…

・愛知県　・濃尾平野　・太平洋側の気候（温暖）　・人口が多い
・新幹線・高速道路が発達している

というふうにいえるでしょう。これらのポイントを押さえた上で，『これまで学習してきたように平野は経済発展しやすいようですね。あれ？でも，中部地方にはもう一つ大きな平野がありませんか？』と投げかけ，越後平野に目を向けさせます。

追発問：濃尾平野のほうが，越後平野より発展したのはなぜだろう？

気候の面や交通の面も関係していますが，大きいのは「太平洋に面しているか」です。資源の輸入が欠かせない日本では太平洋での貿易が重要です。そして，グループで「経済発展する平野の条件」を考えます。クラスでそれぞれの「説」を検証させると議論が白熱します。

【参考文献】
・上野和彦，椿真智子，中村康子　編著（2015）『地理学概論〔第2版〕』朝倉書店

（西田　義彦）

⑭日本の諸地域　中部地方

リニア新幹線のルート案を考えよう！

ネタ→授業化のヒント

中部地方で学習した自然環境・産業の特色を中心に，リニア新幹線のルートを考える活動を取り入れることで，学習内容を活用する機会を設けます。

授業のねらい

中部地方のどの都市に，どのような目的で，リニア新幹線の駅を設置し，ルートをどうするかを考える活動を通して，多様な視点で社会問題を捉える力を養います。

ネタ解説＆授業化のヒント

中部地方の授業を始めるにあたり，リニア新幹線の話をします。車体を浮かせる技術を用いて，最高時速500km での走行が可能であり，品川・新大阪間を１時間弱で結ぶことをクイズ形式で学習します。その一方で，現在そのルートの是非について意見が分かれていることや，東海道新幹線が開通しており，東京・大阪から近いゆえに経済発展がいち早く進んだ東海と中央高地・北陸との経済的な格差があることを提示します。そのうえで，単元末課題として，中部地方全体の発展のためのリニア新幹線の新しいルート案を考えてもらうことを説明します。毎回の授業では，東海，中央高地，北陸と地域ごとに行い，まとめとしてリニア新幹線を通すメリット（どのような人にとってどのような場面で有用性があるか）・デメリット（リニア新幹線が開通することが社会に与える悪影響）を考えさせ，ポートフォリオを作成します。それらをもとに，班単位でルート案を考えるのですが，以下のような数字の書いた日本地図を配布し，書き込む形で考えさせます。この数字は，建設コストを表し，標高を基準に，標高が高いほど，数字を大きく（コストを高く）設定します。もちろん，標高以外にもさまざまなコスト（地価や自然災害のリスク等）がありますので，生徒の実態や授業者の意図によって数字を変更してもおもしろいでしょう。駅の設置やルートの開通により，コストに見合った効果が得られるかそうでないかを吟味しながら，ルート案を考えます。完成後はルート案を発表し，それぞれのルートを再度吟味したりして生徒の考えを揺さぶりながら，より深い学習につなげることができます。以下は，実際に子どもが作成したルート案です。

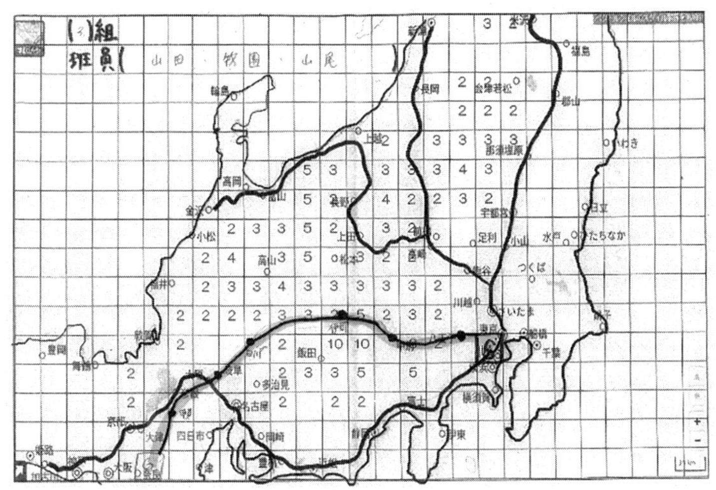

【参考文献】
・「中央リニア新幹線」JR 東海（2024年１月21日閲覧）https://linear-chuo-shinkansen.jr-central.co.jp/
・草原和博・大坂遊（2021）『学びの意味を追究した中学校地理の単元デザイン』明治図書

（阿部　孝哉）

⑮日本の諸地域　関東地方

東京の人口０の町ってどこ？

ネタ→授業化のヒント

日本一人口の多い都市東京にも人の住んでいないところがあります。この意外性が，都市問題について考えるきっかけになります。

授業のねらい

都内の，人口０の町のある市町村を探すことで，子どもたちの都市の見方を揺さぶります。郊外や山間部ではなく，実は都心に人口０の町は数多く存在します。町の様子を調べ，ドーナツ化現象についての理解を深めます。

ネタ解説＆授業化のヒント

この実践は河原先生のネタをもとにしています。関東地方は日本で一番人口が多い地方であることを紹介した上で，次のように発問します。

活動：日本で一番人口が多い東京都にも人口０の町があります。
その町がふくまれる市町村を地図帳から探しましょう。

個人で考えさせ，班でも意見を交流させます。その市町村を選んだ理由も考えるように促すと，交流は活発になっていきます。

「交通が不便な○○市かな？」「中心部から遠く離れた○○市だと思う」など，それまでに学んだ内容を生かした発言も出てくるでしょう。

活動：正解は千代田区丸の内三丁目です。全員起立！
見つけた人から指差して座ること。地図帳の○○Ｐの□の△です。

□や△には地図帳に記載してあるアルファベットや数字があてはまります。

地図帳を用いる際は，このようにして毎回同じパターンで確認するようにします。授業にメリハリがつきますし，確認の時間もどんどん短くて済むようになります。

さて，東京都には住民０の町がいくつかあります。千代田区丸の内三丁目はほんの一例です。各市町村のサイトには，住民数が示されていますので事前に調べておきましょう。「大きな建物があるのではないか？」「ビルばかりの町かな？」と町の様子を想像させたところで，実際のこの町の様子を見せます。東京駅の近くという都心で，大都会の様子が映し出されます。住んでいる人はいないが，昼間には大勢の人が集まっているということが実感できます。そして，通勤などで集まってくる人たちは郊外に住んでいることが多いことにも気づきます。

発問：都心に住んでいる人が少ないのはなぜだろう？

土地の値段が高く家賃が高いことが一番の理由になるでしょう。子どもたちには都会での生活を想像させ，生活するにあたってのマイナス点を考えさせます。そして，反対に郊外の暮らしについても考えさせることで，どちらに住んでもプラスとマイナスがあることに気づくことができます。まとめとして，『自分なら都心と郊外，どちらに住む？』と価値観を問い，交流することで考えを深めることができます。

【参考文献】

・河原和之著（2019）『100万人が受けたい！見方・考え方を鍛える「中学地理」』明治図書

（西田　義彦）

⑯日本の諸地域　関東地方

東京への一極集中による課題を解決するプランを提案しよう！

ネタ→授業化のヒント
東京への一極集中という，実際の社会問題をテーマに，その解決策を提案する学習によって，社会とつながる学習を実現できます。

授業のねらい

関東地方のテーマを，東京への一極集中とし，その課題に対する解決策を検討，提案することで，課題の状況を分析し，影響を多面的に捉え，様々な方法の中からより良い解決策を決定する資質・能力を鍛えます。

ネタ解説＆授業化のヒント

関東地方の単元全体の課題（単元末課題）として，次の課題を出します。

課題：東京への一極集中による課題を解決するプランを提案しよう！

本単元全体の課題を，単元の最初に子どもに提示します。そして，単元の最後に，本課題に取り組みます。

本単元は，次のように進めます。第1時は，関東地方の自然環境を学習します。第2時は，東京への一極集中の状況と生活への影響を学習します。第3時は，東京への一極集中による産業への影響を学習します。第4時は，一極集中への他の国の対策を比較し，日本への応用方法を検討します。そして，第5時で単元全体の課題に取り組み，プランを作成します。第6時で，それぞれのプランを発表し，自身のプランを修正し，意見文を作成します。

本課題は，次のように進めます。

①東京の一極集中の状況を，資料を用いて説明する。
②東京の一極集中による課題を，多面的に説明する。
③東京の一極集中による課題への解決策を決める。
④その解決策によって予想される効果を説明する。
⑤その解決策が，他の方法よりも優れている点を説明する。
⑥自身の考えたプランを，グループで発表する。
⑦発表されたプランに対して，質疑応答を行う。
⑧グループの中で，一番良いプランを選ぶ。
⑨各グループの一番良いプランを全体で発表する。
⑩他の人のプランをもとに，自身のプランを修正する。
⑪自身のプランを，意見文にまとめ，提出する。

本課題に取り組むことを通して，次のような効果が期待できます。

・単元全体を通して，一極集中をテーマに学習を進められる。
・一極集中による課題を，多面的に学習できる。
・課題の解決策を，他の国の対策と比較して考えることができる。
・理解にとどまらず，実際の社会問題の解決策を考えることができる。

東京への一極集中は現代の日本の社会問題であり，首都機能移転や首都機能分散など，様々な解決策が検討されています。このような実際の社会問題について知り，解決策を考える学習，そして実際にアクションを起こす学習が求められています。

（梶谷　真弘）

⑰日本の諸地域　東北地方

1席100万円!? ねぶたプレミアシート

ネタ→授業化のヒント
高いものだと1席100万円するねぶたプレミアシートを通じて，東北地方における祭りの役割の変化を学習します。

授業のねらい

東北地方における伝統的な祭りの役割が厄除けや五穀豊穣を祈る役割から，東北地方における貴重な観光資源の役割を担うようになったことを理解します。

ネタ解説＆授業化のヒント

ねぶたプレミアシートの昼の写真を提示します。
『この写真でおかしいところないですか？』
「道路の真ん中に机がある。」「道路に椅子がたくさん並べられている。」
『この席を予約すると，ある特典があります。何でしょう？』『ヒント。この写真は青森県で撮影されたものです。』
「何かライブでもあるのかな。」「青森県の有名なものが関係あるのかな？」
ねぶたも映っている，夜の写真を提示します。
「ねぶただ！」「ねぶたを特等席でみられるってことか！」
『その通りです。ご当地のお酒や食事もついています。何円なら払って予約しますか。』「1万円。」「食事もついているし5万円かな。」
『1組20万円の席と100万円の席があります！』「うそ!?」『完売した日もあったそうです。』

『ちなみに…ねぶた祭りは何時代から始まったとされている？』

「江戸時代？」「平安時代？」『奈良時代です。当時の人々はなぜねぶた祭りを始めたのだろう？調べてみましょう。』

教科書より，東北地方で古くから行われている祭りの多くはお米の豊作を願う行事であったことがわかります。ねぶた祭りは，中国から伝わった七夕祭りに由来し，そこで登場する練り物の中心が「ねぶた」と呼ばれる「灯籠」であり，７月7日の夜に穢れを川や海に流す禊の行事として灯籠を流し，無病息災を祈るものとされています。かつては，東北地方の人々の生活を支える役割を果たしていたことがわかります。

『2023年にねぶた祭りを見に，青森県に来た人は何人くらい？青森県の総人口は約120万人です。』「人口の半分くらいかな？60万人？」

『約105万人です。105万人のうち五穀豊穣や無病息災を目的に見に来た人って多いのかな？』「多くないと思う。」「ねぶたを生で見たいのかな？」

『ということはねぶた祭りは現在青森県の…』「観光客を呼ぶ資源になっている！」

東北地方での夏祭りの実施日が少しずつずれている資料や，高速道路や新幹線等の交通網の発展がわかる資料，東北地方の夏祭りのツアーがあることがわかる資料と関連付けて，ねぶた祭りなどの東北地方の伝統行事が観光資源としても大きな役割を果たすようになったという変化を理解することができます。

【参考文献】
・青森県庁ホームページ「祭り」（2024年１月21日閲覧）
https://www.pref.aomori.lg.jp/kids/09_festival.html
・「青森ねぶた祭プレミアム観覧席2023【VIP】」オマツリジャパン（2024年１月21日閲覧）
https://shop.omatsurijapan.com/category/100004/AOMORINEBUTA2023_PREMIUMVIP.html

（阿部　孝哉）

⑱日本の諸地域　東北地方

集落を移転するべきか―大津波記念碑から見る防災の課題―

Hint!

ネタ→授業化のヒント

東北地方では，津波の被害を教訓として伝える石碑が各地に建てられています。これらの石碑と漁村の場所を確認しながら，津波に対する取り組みについて考えます。

授業のねらい

東北の津波被害を伝える石碑を確認しながら，東北の津波被害とその教訓について学習します。また単に教訓を知るだけでなく，東北に住む人々の思いに触れながら，自然災害の教訓をどのように活かすべきかを考えます。

ネタ解説＆授業化のヒント

岩手県宮古市にある「大津波記念碑」の写真を提示します。

発問：この記念碑にはどのような文章が刻まれているのだろう。

「高い住居は子孫の和楽？」「ここより下に家を建てるな。」

津波被害の経験を後世に伝えようとする様子を読み取らせます。そして東北にはこのような石碑が各地に点在していることを説明します。

活動：Google マップを使って東北の碑の場所を調べてみよう。

津波の被害を教訓とした石碑が東北地方の東海岸を中心に点在しているこ

とがわかります。津波到達地点の碑も多くありますが，中にはそれよりも低い位置に集落があることに気づかせます。

発問：どうして津波到達地点よりも低い位置に集落があるのだろう？

東北には姉吉漁港のように津波の教訓から集落を移転させた場所がある一方で，未だに低い土地に漁村が残っていることがあります。これは漁業をしている人たちにとってそういった先祖代々暮らしてきた住み慣れた土地を手放すことは簡単なことではないからです。地図だけではわかりにくい人々の思いについて気づかせます。

活動：東日本大震災の教訓を活かす取り組みを調べてみよう。

東北では集落の移転だけではなく，道路や堤防の強度を高めたり，一人一人の防災意識を高めたり，様々な災害に対する取り組みが行われています。また東北には，津波の被害を様々な形で語り継ごうとする取り組みが見られます。例えば，津波遺構として「たろう観光ホテル」や「気仙沼中学校」など当時の被害の様子をそのまま保存している建物があります。他にも津波の被害を伝える資料館が多く建設されています。このように防災対策だけではなく，被害の記憶を風化させず後世に伝える取り組みにも目を向けさせたいものです。

【参考文献】
・showay☆（2018）『震災地を歩く』文芸社
・復興庁（2023）『東日本大震災伝承施設ガイド』JTBパブリッシング

（西川　貢平）

⑲日本の諸地域　東北地方

復興特別所得税を今後も日本全体で負担すべきなのか？

ネタ→授業化のヒント

2037年まで日本全体で負担する復興特別所得税の今後について，これまでの地理学習の視点を生かしながら，調べ学習・討論を行います。

授業のねらい

生徒が実際に負担することになる税を扱うことで，生徒の積極的な授業への参加を促します。また復興状況の調べ学習をする際に，これまで日本の諸地域で学習してきた見方を使用しながら，東北地方の理解を進めていきます。

ネタ解説＆授業化のヒント

東日本大震災の映像を流し，どれだけの被害があったかを解説します。

そして10年間で，どれだけ復興が進んだのか，日本経済新聞「【震災10年の記憶】定点写真と映像が語る」の動画を提示します。

発問：東日本大震災から10年，復興は進んでいたか否か。

「建物がたくさんできている。」「空き地がある。」「これだけではわからない。」

活動：東北の復興の現状をこれまで学習した視点を使って調べよう。

これまで学習した自然環境，交通・通信，歴史，産業，文化等の視点を使用しながら，パソコンを使用し，グループで調べ学習を行います。

「建物や道路は，元の状態に戻っているけど，人口が戻らず，少子高齢化が進んでいる。」「漁獲量は回復しているけど，完全に回復していない。」

などのように，復興できている点，課題点，どちらもグループごとに挙げてもらいます。

復興の状況を全体で確認した後，この復興のため，日本全体から所得税の2.1％を税金で集められていること，これが2037年まで集められ，教室にいる自分たちも将来払うことになることを確認します。

活動：2037年まで復興に関する税を日本全体で負担する必要はあるのか，自分の意見を書いてみよう。

調べ学習を行った復興状況を使用しながら，自分の意見を作ってもらい，教室内での論争につなげていきます。実際に自分たちが負担することになる税金であるため，生徒にとって身近であり，積極的な論争への参加が見込めます。

またこれまで学習してきた見方を使用して調べ学習を行うため，意見文も多面的な内容が見られるようになります。加えて論争をすることで，多様な立場から考えることができ，多角的な内容も見られるようになり，見方・考え方が鍛えられます。

１時間では厳しいため，２時間構成，もしくは後半の意見文はテスト等で出題し，紙上討論にして，さらに深めていく展開も考えられます。

【参考文献】

・日本経済新聞 「復興あの日から，これから 映像で振り返る10年」2021年３月10日 （2024年１月２日閲覧）https://www.nikkei.com/article/DGXZQODG152S00V10C21A2000000/

（玉木 健悟）

⑳日本の諸地域　北海道地方

なぜ北海道は「そだねー」？

Hint!

ネタ→授業化のヒント

2018年に話題になったカーリング女子チームLS北見の「そだねー」を使用することで，北海道の開拓の歴史を学びます。

授業のねらい

沖縄には豊かな方言があるのに，なぜ北海道は，沖縄ほど豊かな方言がないのかを問うことで，北海道が移民により開拓されたこと，アイヌ民族が土地や生活を奪われてしまったことへの理解につなげます。

ネタ解説＆授業化のヒント

沖縄方言をクイズ形式で複数提示します。なぜこのような豊かな方言が生まれたのか，子どもに問うと，既習内容のため，琉球王国の影響や地形的に離れた位置にあったことなどが挙げます。

では北海道はどうか，全体に問いながら，アイヌ民族が北海道に存在することを確認します。そしてYouTubeに投稿されているアイヌ民族の子守歌「60のゆりかご」をアイヌ音声，日本語字幕で，視聴します。その後，複数のアイヌ語クイズに全体で取り組みます。

豊かなアイヌ語に触れた後，LS北見が平昌オリンピックでの「そだね～」と話している様子を視聴します。

発問：沖縄は豊かな方言があってなぜ北海道はアイヌ語の影響がない？

この謎を解くために，地図帳で，「新十津川町」「北広島市」を探させます。

どうして北海道に，広島があるのか，奈良県にあるはずの十津川の名前が使われているのかを問いながら，北海道は，移住者によって開拓が進められたこと，そのためアイヌ語の影響を受けた方言がないことを確認します。また開拓者の農地改良によって，北海道は，日本有数の農業地帯になっていることを確認します。

発問：では開拓の中で，アイヌ民族はどうなってしまったのか。

一方のアイヌ民族は，住んでいた土地を奪われ，狩猟等が禁止され，アイヌ民族独自の生活様式が奪われた結果，困窮した生活を送るようになりました。明治32年には，北海道旧土人保護法が制定されましたが，同化が目的であったことや，与えられた土地は良好な土地は少なく，アイヌ民族の生活は改善されませんでした。

課題：開拓者の立場とアイヌ民族の立場から北海道の開拓の歴史について説明文を書こう！

異なる立場からの記述をすることで，北海道の開拓の正の面だけでなく，負の側面にまで目を向けられるようにしています。

【参考文献】

公益財団法人アイヌ民族文化財団 YouTube チャンネル（2014）「60のゆりかご　アイヌ音声　日本語字幕」（2024年１月５日閲覧）
https://www.youtube.com/watch?v=Un05KNjlUaQ&t=79s
北海道環境生活部アイヌ政策推進局アイヌ政策課（2021）「［旧］北海道旧土人保護法について」（2024年１月５日閲覧）https://www.pref.hokkaido.lg.jp/ks/ass/new_sinpou4.html

（玉木　健悟）

㉑日本の諸地域　北海道地方

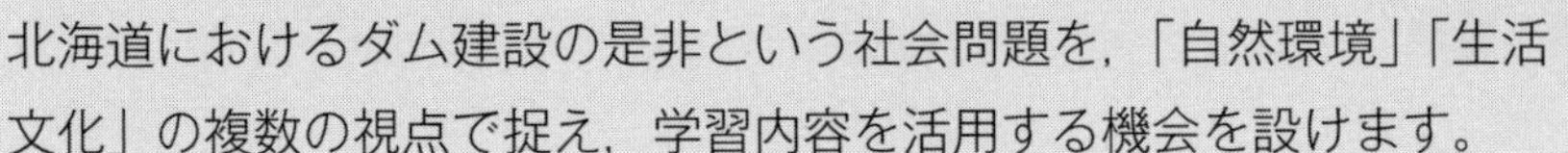

平取ダムの建設に賛成？反対？

Hint!

ネタ→授業化のヒント

北海道におけるダム建設の是非という社会問題を，「自然環境」「生活・文化」の複数の視点で捉え，学習内容を活用する機会を設けます。

授業のねらい

北海道におけるダム建設の是非を「自然環境」「生活・文化」の複数の視点で考え，社会問題の解決を試みる態度を養います。

ネタ解説＆授業化のヒント

本授業は，単元末課題として設定したり，一時間完結の授業として実践したりすることが可能です。

まずは，北海道が日本一のものを子どもたちにたくさん列挙させます。「面積」「魅力度ランキング」「じゃがいもの生産量」など出てくることが想定されます。その中で，ダムの数が日本一多いことを紹介します。そこで，北海道の平取町におけるダムの問題をとりあげます。概要は以下の通りです。

平取町では，1971年に沙流川の流域にダムを２基建設する計画が着手されました。この計画は賛否両論あり，それぞれ右記のような理由からです。

賛成	反対
・沙流川の流域ではよく洪水が起きるため，洪水を防止する役割を果たすことができる。 ・水力発電ができ，周辺地域に電気を供給できる。	・周囲の自然環境が損失され，生物の多様性の影響が大きい。 ・アイヌ民族にとって信仰や儀礼の場である大切な地域が含まれており，簡単には壊せない。

ダムの建設に関して，中止を求める裁判が起きましたが，訴えは認められず，平成９年沙流川の下流に二風谷ダムが建設されました。そんな平成15年に台風が平取町を襲います。その際，二風谷ダムでは多数の流木をせきとめ，被害を軽減させることに貢献しました。その一方で，ダムのない上流では，橋梁が流木により流出するなどの被害がありました。そのため，砂溜川上流に「平取ダム」というもう１基のダムを建設する計画が持ち上がり，令和４年に完成しました。もちろん，新たにダムを建設するということは，新たな生物多様性への影響や，アイヌ民族の儀礼や信仰の場の移動を余儀なくされることもはらんでいます。ダム建設時には，これらの点も配慮した工事を進めていることを補足したうえで，子どもたちに問いかけます。

発問：平取ダムの建設は正しかった？

さらに追加で調べて意見文を作成したり，数時間設けてディベートしたりするなど，様々な学習活動の話題に応用することができます。

【参考文献】
・国土交通省　北海道開発局　「平取ダム建設事業について」（2024年１月21日閲覧）
https://www.hkd.mlit.go.jp/mr/sarugawa_damu/c5b1ee000000jyu2att/c5b1ee000000jyxk.pdf
・国土交通省　北海道開発局　「沙流川総合開発事業」（2024年１月21日閲覧）
https://www.hkd.mlit.go.jp/mr/sarugawa_damu/tn6s9g0000000zll.html

（阿部　孝哉）

㉒地域の在り方

市役所に提案！
―誰もが住みやすいまちづくり計画―

ネタ→授業化のヒント

地域の課題解決型の学習は，地域の人々へのインタビューや市役所への提案など，地域と学校をつなぐことが大切です。「誰もが」とあるように，少子高齢化問題や外国人，障がいのある人など様々な人を想定します。

授業のねらい

この単元では地域の課題を見つけ，その解決策を考えます。課題を見つけるためには地域の人々の意見を聞くことが重要です。また，解決策は一面的に考えるのではなく様々な視点を考慮することに加え，実現の可能性を考えることも大切です。このような課題解決型の授業は，学校内だけで学びを完結させるのではなく，実社会と授業を積極的に繋げることが重要です。

ネタ解説＆授業化のヒント

この単元全体のおおまかな流れは，次の５つに分けられます。

①課題を見つける。
②課題を調査する。
③要因を考察する。
④解決策を構想する。
⑤将来像を提案する。

①では，まず地域について知る必要があります。このとき，課題だけに目を向けるのではなく，良さにも目を向けることで，解決策を考える視点につ

ながります。地域を知るための資料として，市役所広報課が出している PR 動画や資料などに目を通してみると良いでしょう。私の地域では，テーマソングつきの市の PV や市長自ら見てまわる地域の文化財紹介動画などがあります。その動画を授業の導入に活用することで，地域の特色を子どもたちが分かりやすく興味をもって学ぶことができます。そして，課題については，地域の人々にインタビューすることが大切です。このときできるだけ子育て世代や高齢者など様々な立場の人にインタビューしましょう。そうすることで，中学生の視点だけでは分からない，地域の課題を知ることができます。

②③④では，「過去」「現在」「未来」の時間軸で捉えることと，視点を組み合わせて考えることを大切にしましょう。まず，②③では「過去」から「現在」への地域の移り変わりを調査する必要があります。例えば，少子高齢化問題や空き家問題について考える場合，人口の推移グラフを調査するでしょう。そのとき，ただ人口という視点だけで増減を見るのではなく，土地利用や交通などの視点も合わせて考えることが大切です。そうすれば，人口が増えた時期にショッピングモールの建設や交通の整備がされていたといったような人口増加の要因が分かるはずです。そこに，「現在」の課題を解決するヒントを見つけることができます。④では，地域の移り変わりから分かったことをヒントに「現在」の課題を「未来」に向けて解決する方法を考えます。このとき，①で学んだ地域の良さをさらに引き出しながら課題を解決する方法を考えることで，その地域の実情に合わせたものになるでしょう。

⑤では，実際に市役所の方を呼んで発表をおこなうか，解決策の資料を送り，返事をもらうといいでしょう。実現の可能性はあるのか，市役所は地域の課題に対してどのように解決していこうと考えているのかなど，意見をもらうことで学校の中だけで完結しない学びになるでしょう。

（福井　幸代）

㉓地域の在り方

SDGs 未来都市計画を提案しよう！

ネタ→授業化のヒント
自らが住んでいる地域をより良くするための提案書を，SDGs の視点をふまえて作成することを通して，持続可能な社会づくりについて考えます。

授業のねらい

自らが生活を送っている地域のいいところ・改善されたらいいところを見つけ，地域をより良くするかつ，進めることがSDGsの達成にもつながる政策を考え役所に提案することを通して，地域社会の一員としての自覚を養います。

ネタ解説＆授業化のヒント

以下の手順で進めていきます。

⓪　役所に学習活動の内容を紹介し，完成した提案書に関するコメントや提案を聴く機会を設けてもらえないか提案する。

教員が学習活動を展開する前に事前にしておくと良いことです。作成した提案書を役所の方に見聞きしてもらえる機会を設けることで，子どもたちは「私たちの声を地域の人に受け取ってもらえた」という経験ができ，地域の一員としての自覚をより養うことができます。

①　地域の課題を見つける。

生活を送る中で，自らが住んでいる地域のいいところや改善されたらいいところを，班でブレイン・ストーミングを用いて出し合います。事前に保護者の方に聞き取りをしたり，地方自治体によってはホームページに掲載されている生活満足度調査を閲覧したりして参考にしてもかまいません。

② 班で一つ取り組みたい課題を決めて，地域をより良くするための政策を考える。

班によって，子育ての面や福祉の面，観光面など，さまざまな課題を選び，解決しようとしたり，いいことをより良くしようとしたりすることが多様であると想定されます。他の地域の事例等を調べたり，経験に基づいて自由にアイデアを出し合ったりして，政策を考えます。このとき，「誰にとって」「どのような利点」があるか，また進める流れで新たに生じる可能性のある課題を予想し，どう解決するかに注目して考えるように補足します。

③ 考えた政策を実施することが，結果的にどのSDGsの達成につながるか，関連付けて考える。

考えた政策を進めることで，SDGsの17の目標のどれに貢献することにつながるか考えます。政策によっては２つ以上のSDGsに関連することも考えられます。

④ 完成した提案書を役所に提出し，担当者からコメントをいただく。

筆者が実践した時は，出来上がった提案書をメールで担当者の方に送信し，担当者の方から各専門の課に届けていただき，コメントをいただいたものを子どもたちに返却します。それをうけて，さらに改善した問いをつくったり，クラス内で共有したり，学校内でも取り組めることを行動に起こすなどの新たな学習活動に応用していくことも考えられます。

（阿部　孝哉）

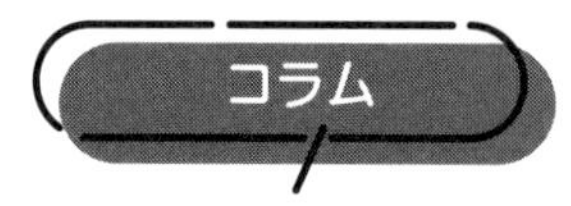

③ 「深めるネタ」のポイント

「深めるネタ」は，教科書内容に加えて，より概念的な理解，社会状況の理解，多面的・多角的な理解などを促すことを目的とした授業ネタです。

1．因果関係

子どもたちが「どうして？」と考えたくなり，そこから社会の仕組みの理解に迫るネタが有効です。例えば，世界の諸地域で，「世界で一番降水量の多いまちはどこ？」と問うと，子どもたちは夢中になって調べ始めます。地図や雨温図，地形を読み解いていく中で，「山地と季節風が関係している」ということに気づきます。そして，日本の諸地域で，「日本で一番降水量の多いまちはどこ？」と問うと，獲得した見方・考え方を働かせ，山地と季節風に着目して調べるようになります。

2．多面的・多角的

地理の学習で，地理以外の視点，例えば，経済の視点を取り入れることで，多面的な学びになります。「100円ショップの商品はどうして安い？」と問うと，様々な予想が出てきます。子どもたちの素朴な理論をもとに，原材料を安くする工夫，人件費を安くする工夫などに迫ります。すると，工業立地の条件を学び，現代の立地の変化も説明できるようになります。さらに，安い商品を求めることによる課題にも迫ることができます。

【参考文献】
梶谷真弘（2024）『オーセンティックな学びを取り入れた中学校地理授業＆ワークシート』明治図書

（梶谷　真弘）

④ 「活用ネタ」のポイント

「活用ネタ」は，学んだことを別の場面に応用したり，成果物にまとめたり，判断や意思決定したり，発信や行動に移したりすることを目的とした授業ネタです。

1．総合化

単元で学んだことを用いて，単元の総まとめとなるように課題を設定します。例えば，アジア州の単元では，「2050年に一番経済発展していそうな国はどこだろう？」と問うことで，アジア州の各地域の経済発展の特徴を捉えた上で，それらを活用して判断する課題となります。ヨーロッパ州では，「EU は必要なのだろうか？」と問うことで，EU のメリット・デメリットを考慮した上で判断する課題となります。

2．オーセンティック：実際の社会の課題につなげる

単元で学んだことを活用し，実際に社会で起こる課題の解決策を考えます。例えば，アフリカ州では，貧困を生み出す要因を多面的に学習し，それを解決する方法を提案します。また，身近な地域の学習では，地域の課題を探究し，その解決策を提案することで，学んだことを活用し，実際の社会で起こる課題を考えることにつなげます。

【参考文献】
梶谷真弘（2024）『オーセンティックな学びを取り入れた中学校地理授業＆ワークシート』明治図書

（梶谷　真弘）

おわりに

本書では，「見方・考え方を鍛える」，「学びを深める」ことをテーマとした授業ネタを紹介しました。単なる興味を惹くだけのネタではなく，見方・考え方が鍛えられるネタ，学びが深まるネタを集めました。

様々な変化の中で，授業のアップデートが求められています。しかし，授業に求められる本質は変わりません。①学びたくなる〈学びの入り口の保障〉，②全員が参加できる〈学びの平等性の保障〉，③力をつける〈学びの出口の保障〉を大事にしながら，目の前の子どもたちや状況に応じてアップデートしていくことが大切です。

本書で紹介する授業ネタは，すぐ使え，力をつけるネタばかりですので，授業のアップデートに最適です。

1 授業ネタの分類とポイント

本書の授業ネタは，あるモノを通して社会がわかる「わかるネタ」，教科書の内容に追加して理解を深める「深めるネタ」，学んだことを活用する「活用ネタ」など，多様な種類のネタを揃えました。読者の皆様が使いやすいネタから，ご活用ください。

右頁の表は，コラムで紹介した授業ネタの分類と，それぞれのネタのポイントをまとめています。細かなポイントは他にもありますが，これらのポイントを踏まえることで，「優れネタ」に近づきます。また，本書を通して，ネタの発掘のコツやネタの用い方をつかんでいただき，より良い社会科授業づくりに生かしていただければ幸いです。

表　授業ネタの分類とポイント

	①素材ネタ	②ワークネタ
0．興味・楽しい	・学びに向かわせるための工夫（ARCS モデル）	
1．わかる	・具体化：具体的なモノや事例を用いる ・身近化：身近なモノで学習意欲を高める	
2．深める	・因果関係：「どうして？」から社会に迫る ・多面的・多角的：他学問や複数の立場から考える	
3．活用する	・総合化：単元の総まとめとなる課題を設定する ・オーセンティック：実際の社会の課題につなげる	

（筆者作成）

2 仲間とともに学び合い，ともに成長する

本書は，筆者が日頃から学び合っている仲間，そして，その学びの中で出会わせていただいた方々で執筆しました。執筆メンバーの中には，筆者の大学時代からともに学び，刺激を受け合い，教育実習をともにした仲間もいます。一方で，筆者が教育実習を受け持ち，学生時代に力をつけて教職人生を歩み始めたメンバーもいます。学び続けることで，様々な出会いがあり，ともに成長させていただいています。うれしい限りです。

大阪のメンバーの大部分は，筆者が代表を務める授業研究サークル「KIT」に所属し，ともに学び合っています。日々，より良い社会科授業とは何かを考え，授業づくりに明け暮れ，定期的に実践を検討し合っています。その中で，お互いが鍛え合い，授業力を磨き合っています。

本書をお読みいただき，「もっと知りたい」「ともに学びたい」と感じてくださった方は，授業研究サークル「KIT」のホームページをご覧ください。ぜひ，ともに学び合いましょう。

（梶谷　真弘）

【編著者紹介】

梶谷　真弘（かじたに　まさひろ）

1986年生まれ。大阪府立豊中支援学校・大阪府茨木市立南中学校を経て，現在大阪府茨木市立西中学校教諭。社会科，特別支援教育に造詣が深い。公認心理師。授業研究サークル「KIT」代表，支援教育研究サークル「SPEC」代表。

【執筆者一覧】（掲載順）

宮本　一輝　　大阪府熊取町立熊取南中学校
西田　義彦　　大阪府岬町立岬中学校
行壽　浩司　　福井県美浜町立美浜中学校
前田　一恭　　大阪府交野市立第四中学校
佐伯　侑大　　奈良県葛城市立新庄中学校
阿部　孝哉　　大阪府吹田市立豊津中学校
小谷　勇人　　埼玉県春日部市立武里中学校
西川　貢平　　奈良県広陵町立広陵中学校
玉木　健悟　　奈良県川西町・三宅町式下中学校組合立式下中学校
福井　幸代　　枚方市立菅原小学校

中学校社会サポートBOOKS

見方・考え方を鍛える！
学びを深める中学地理授業ネタ50

2024年８月初版第１刷刊　ⓒ編著者　梶　谷　真　弘
発行者　藤　原　光　政
発行所　明治図書出版株式会社
http://www.meijitosho.co.jp
（企画）及川　誠（校正）安田　皓哉
〒114-0023　東京都北区滝野川7-46-1
振替00160-5-151318　電話03(5907)6703
ご注文窓口　電話03(5907)6668

＊検印省略　　組版所　藤　原　印　刷　株　式　会　社

Printed in Japan　　ISBN978-4-18-359728-1